두려움 없이 똑심 있게

오직,
책!

두려움 없이 뚝심 있게

오직, 책!

이상화 지음

SNOWFOX

육아가 쉽다는 사람을 만난 적은 없습니다. 하지만 육아가 행복했다는 사람은 가끔 만나보았습니다. 아이 키우는 동안 행복했다는 부모 역시 수많은 힘듦과 고비를 겪었습니다. 그러나 '아이와 함께 있는 것'이 '힘듦'을 이기기에 지난 세월을 돌아보며 육아가 행복했다고 말할 수 있습니다.

저도 육아의 힘듦, 결혼생활의 힘듦, 사회생활의 힘듦, 양가 부모님을 만족시켜야 한다는 생각에 얽히고 얽혀, 내 삶의 방향을 어디로 잡아야 할지 모르던 암흑 같은 시절이 있었습니다. 그 어려운 시절을 넘길 수 있었던 이유는 흔들리지 않는 마음 덕분이었습니다.

결혼을 하면 거의 모두가 아이를 낳고 육아를 경험합니다. 결혼 전 아이를 낳지 않겠다는 저의 생각에 아내의 동의를 받았지만 시간이 흐르고 결혼생활의 무료함이 찾아왔을 때 아이가 생겼습니다. 마치 부모의 무료함을 달래주려는 듯 말입니다.

아이가 태어난 시기는 인생을 통틀어 경제적으로 가장 힘든 시기였습니다. 하지만 아이의 눈동자는 그 힘듦을 눈 녹듯 녹여주었습니다. 아이는 사랑받기 위해 자신의 예쁘고 귀여움을 마음껏 발산합니다. 부모는 그런 아이에게 매료되어 힘든 것도 잊은 채 아이를 양육하게 됩니다.

큰아이가 태어나고 19년이 지났습니다. 수업과 강연을 3만 회 이상 진행했습니다. 많은 분들을 만났고 지금도 초등학교와 도서관, 구청, 백화점 문화센터에서 강연을 통해 학부모들을 만나고 있습니다. 자녀교육은 엄마 몫이라며 미루던 아빠가 강연을 듣고 180도 변했다는 말을 들을 때면 제 일인 양 춤추고 싶을 만큼 기뻤습니다.

육아가 힘든 것은 육아에 대해 제대로 공부하지 않기 때문입니다. 아이를 키우고 있거나 아이를 임신한 예비 엄마 아빠라면 77권 정도의 육아서를 읽고 부모가 될 준비를 해야 합니다. 육아서를 읽을 때도 그냥 읽는 것이 아닙니다. 내 아이의 인생에 도움이 될 만한 구절을 찾아 밑줄을 긋고 외워야 합니다.

저 역시 기억해야 하는 내용이 있는 페이지는 접어뒀다가 시간이 날 때마다 다시 꺼내 읽곤 했습니다. 이 과정을 통해 육아에 대해 감을 잡게 되었습니다. 육아가 힘든 건 사실이지만, 삶이 끝날 때 내 아이로 인해 부모의 삶이 찬란하게 빛났음을 알게 될 것입니다.

육아서 77권을 읽고 이론을 터득한 부모는 이제 실천이라는 복병을 만나게 됩니다. 맞벌이 부모는 육아만 할 수 없습니다. 당장 먹고살아야 하는데 육아가 눈에 들어올 리 없습니다. 제대로 된 육아를 하고 싶지만 현실과의 괴리에서 괴롭기만 합니다. 배우자가 도와주면 정말 고마우련만 오늘도 야속하게 늦은 귀가에다 쓰러져 자기 바쁩니다. 그런 배우자를 둔 아내는 독박육아로 점점 지쳐갑니다. 그래서 진정한 의미의 육아를 맛보지 못한 채 세월이 흐르고 아이는 성장해갑니다.

삶은 어차피 혼자입니다. 내 삶에 배우자나 아이는 조연입니다. 조연은 내 인생에서 조미료 역할만 할 뿐입니다. 주인공은 언제나 외로운 법입니다. 무대 위의 조명을 받기 위해 무대 뒤에서 피나는 노력을 합니다. 연습을 소홀히 하는 주인공이란 있을 수 없습니다.

육아도 마찬가지입니다. 육아서로 방향을 알게 되었다면 남은 건 실천입니다. 실천하지 않으면 아무 일도 일어나지 않습니다. 아이가 육아서에 나온 것보다 더 심하게 나를 괴롭혀도 흔들리지 않아야 합니다. 그런 내 아이를 있는 그대로 이해해주면 육아서에 나온 아이들보다 훨씬 잘 자랍니다.

배우자가 육아에 참여하지 않는다고 화를 낼 필요도 없습니다. 스스로 나이 들어 외로운 길을 자처하고 있기 때문입니다. 옆집 엄마가 나와 내 아이를 망치려고 해도 동요되지 않아야 합니다. 흔들리지 않는 마음만 가지고 있다면 내가 가는 길이 꽃길입니다.

　3000회가 넘는 강연을 하면서 부모님들로부터 많은 질문을 받았습니다. 그런데 하나같이 똑같은 질문들을 합니다. 마치 내 집 아이나 옆집 아이 모두 비슷하다는 걸 반증하듯 말입니다. 다른 집 아이도 별반 다를 게 없다는 얘깁니다.

　누구나 부모가 되고 나서 울고 웃는 생활을 반복합니다. 제게 질문하는 내용을 듣고 얘기를 나누다 보면 이미 답을 알고 계신 경우가 대부분이었어요. 그런데도 질문하는 이유는 확인받고 싶고, 공감 받고 싶기 때문입니다. 문제를 알고 있지만 실천을 하지 못하는 걸 자신이 이미 알고 있었던 거죠. 다만, 실천하지 못하는 이유를 만들어놓은 것뿐이었죠.

　성공한 육아를 경험하는 부모는 결국 실천한 사람입니다. 실천하지 않으면 아무것도 아닙니다. 아무리 배워도 소용없는 지식만 쌓일 뿐입니다. 할아버지의 재력, 아빠의 무관심, 엄마의 정보력, 모두 헛소리입니다. 아이가 스스로 하도록 해야 성공합니다. 아이의 마음을 움직일 수 있는 건 부모의 진심과 실천입니다. 배우자가 무관심과 방해를 일삼아도 실천해야 합니다. 저 역시 주변에서 이상한 사람이라며 수군거려도 상관하지 않았습니다. 아내가 아팠고 제가 돌봐야 했기에 아이를 안고 컴퓨터 수업 준비를 할 수밖에 없었기에 아빠의 독박 육아가 시작된 거죠.

　힘든 제 상황을 보고 부모님께서 아이를 맡아준다고 하셨지만 그럴 수 없었습니다. 나와 내 아이도 세대 간 차이가 있는데 조부모 세대와 아이는 세대 차이가 너무 큽니다. 지금 살고 있는 양육 환경이 너무나 달라졌습니다. 그리고 아이는 부모가 키워야 한다는 걸 이미 알고 있었으니까요. 상황이 어찌 되었건 부모가 키우지 않은 내 아이는 분명 나중에 후회할 일이 생깁니다.

양육으로 부모 스스로의 행복을 결정지어야 합니다. 양육을 제대로 알고 실천해서 행복한 노후를 누리느냐, 대충 다른 사람의 이목에만 신경쓰며 육아를 하느냐는 각자의 몫입니다. 행복도 불행도 자신의 마음이 결정하기 때문입니다. 학부모 1714명이 보내 온 질문에서 여러분의 생각을 비교해보세요. 질문에 답변드리는 제 경험담에 비추어 생각을 정리한 다음 자녀교육을 해보세요. 이 책을 읽고 여러분과 자녀가 행복한 삶을 가꾸어 갔으면 좋겠습니다.

재혁, 시훈 아빠 이상화

| 차례 |

〈 1장 〉
책은 언제나 해답을 가지고 있다 — 독서 비법

〈 2장 〉
영어는 오감으로 배워야 한다 — 영어 비법

〈 3장 〉
옳은 말, 좋은 말, 아이를 키우는 말 – 대화 비법

〈 4장 〉
수학은 지름길이 없다 — 수학 비법

〈 5장 〉
놀이에 학습을 더하다 ― 놀이 비법

★★★ 상위 1% 부모 프로젝트 10계명 ★★★

1. 상위 1% 부모처럼 행동하라
2. 부모의 내면 아이를 성장시켜라
3. 유익한 환경 DNA를 제공하라
4. 독서로 아이의 인생을 바꿔라
5. 아이와 의논하고 열린 대화로 소통하라
6. 공부법을 알려주고 공부 재능을 살펴라
7. 돈 버는 방법을 직접 가르쳐라
8. 매일을 기록하고 실행하라
9. 아이 의지를 꺾지 말라
10. 긍정 언어를 사용하라

〈1장〉

책은 언제나
해답을 가지고 있다

- 독서 비법

책은 언제나 해답을 가지고 있다

독서는 재미없고 팍팍한 인생을 풍요롭게 만들어줍니다. 작가들은 기상천외한 이야기, 있을 법한 이야기, 다양한 지식과 미처 경험해보지 않은 것들을 세상에 풀어놓습니다. 한 권 읽을 때마다 아이들은 하나의 세상을 경험하게 됩니다. 책마다 흥미진진하고 재미있는 스토리와 생각이 있으니까요. 아이들은 주인공과 함께 경험하고, 생각하고, 울고 웃습니다. 동서고금의 석학들이 공부하고 연구한 결과를 자기 것으로 만들기도 하고요. 단돈 만 원 정도 투자해서 누군가의 인생 스토리와 생각, 지식과 상상력을 자기 것으로 만들 수 있으니 책은 그야말로 최고의 선생님인 셈이죠.

그래서 저는 아이가 어릴 때부터 책과 평생 친구가 될 수 있도록 환경을 마련했습니다. 다행히도 아이는 책을 무척 좋아했고, 독서 덕분에 아이는 초등학교 6년 내내 상위권을 유지했습니다. 학원의 큰 도움 없이 청심국제중학교와 하나고등학교에 척 합격하는 성취도 이루었고요. 입학할 때 사교육으로 무장한 친구들에게 밀려 하위권에서 시작했던 성적은 최상위권으로 멋지게 상승 곡선을 그렸지요. 역시 독서가 밑바탕이 되어준 덕분에요. 늘 책을 끼고 사니까 한국사와 한국어능력시험에도 손쉽게 합격할 수 있었고요. 민족사관고등학교에서 주최한 전국 중학생 우리말 토론대회에서 금상을 받기도 했는데, 이것 역시 아이의 생각에 날개를 달아준 3만 권의 책 덕분입니다. 책을 읽고 생각하고 머리에 새긴 내용은 누가 빼앗아갈 수도 없으니까요.

제 인생을 둘로 나누자면 그 중심에 독서가 있습니다. 책을 멀리했을 때의 인생과 아이가 태어나고 독서를 시작한 후의 인생이 완전히 다르지요. 독서를 하지 않았을 때는 삶이 무척이나 어려웠습니다. 시간이 지날수록 생활에도, 마음에도 가난이 스멀스멀 찾아왔습니다.

독서라는 씨앗을 처음 뿌렸던 19년 전에는 이것이 잘 자라서 잘 익은 열매를 맺으리라고는 상상도 하지 못했습니다. 그런데 아픈 아내의 2가지 부탁이 생애 마지막 유언처럼 느껴져 독서를 시작했습니다. 그러자 아이의 삶이 변하기 시작하더군요. 덩달아 제 인생도 180도 바뀌기 시작했고요. 책을 통해서 만나는 세상이 마음과 삶을 풍요롭게 만들었거든요. 그리고 마음과 삶뿐만 아니라 제 인생까지 명품으로 바꾸기 시작했습니다.

독서를 시작하고 10년쯤 지나자 제 주변이 조금씩 달라졌습니다. 독서를 하기 전에는 의사선생님은 아파서 병원에나 가야 만날 수 있었고, 변호사나 검사, 판사는 법원에서나 보는 사람들이었습니다. 특히 외교관은 대통령이 해외로 순방 갈 때 TV에서나 볼 수 있었죠.

그런데 독서가 그런 의사선생님, 변호사, 검사, 판사, 외교관을 가까운 이웃으로 만들어주었습니다. 늦은 밤 아이가 아파 동네 병원이 문을 닫았을 때 의사선생님께 자문을 구하거나, 억울한 일을 당했을 때 바로 찾아가 문제 해결의 실마리를 찾을 수도 있었습니다. 뉴스에 나오지 않은 대통령의 해외 순방 비하인드스토리도 들을 수도 있었습니다. 제 인생을 완전히 바꾸어놓은 것이지요.

사람이 만든 책보다 책이 사람을 만든 경우가 더 많습니다. 그 사람은 또 다른 자신의 경험담을 책에 담아 세상에 내놓습니다. 이렇게 위대한 독서의 결실은 책을 사랑하고 믿는 사람만이 얻을 수 있는 혜택입니다.

특목중, 특목고 최상위권 아이들은 어떻게 공부하나요?

특목중, 특목고 최상위권 학생의 학습특징은?

❶ 공부를 왜 해야 하는 지 방향을 알고 있습니다.

❷ 부모가 교육과 관련 일을 하거나 명문대 출신입니다.

❸ 중학교 졸업 전까지 진학하는 고등학교의 주요과목을 공부하고 오는 경우가
   많습니다.

❹ 집중력이 일반 학생보다 높습니다.

❺ 복습 시간표를 잘 챙깁니다.

❻ 선천적 또는 후천적 지능이 높습니다.

❼ 고등학생이 되면 학원을 다니지 않습니다.

❽ 공부가 잘되는 장소 한 곳에서 공부합니다.

❾ 부족한 부분에 대해서는 즉각 보충합니다.

큰아이가 다니는 하나고등학교 최상위권 친구들은 어린 나이임에도 왜 공부를 해야 하는지를 알고 있습니다. 고등학교 2학년이 되면 서울대 입학 후 어떤 방법으로 학비를 댈 것인지 준비를 한다고 합니다. 자사고 부모님들은 교육과 관련된 일을 하시거나 전문직이 대부분입니다. 중학교 1학년까지 공부에 손을 놓고 있다가도 본격적으로 공부를 시작하면 중학교 3학년에 전교 1등을 합니다. 부모를 살펴보니 다른 건 몰라도 집안 환경이 확실히 달랐습니다. 엄마 아빠가 집에서 독서를 하거나 아이와 함께 앉아 공부하는 시간이 많았습니다. 아이들은 집에서 부모를 보고 자라죠. 엄마 아빠가 보여준 것처럼 공부에 매진하니 최상위권으로 올라갑니다.

한글은 언제부터
가르치는 게 좋나요?

　　한글은 최대한 일찍 가르친다고 접근하기보다는 자연스러운 노출이라 생각하세요. 한글은 최대한 일찍, 많이 노출해주는 것이 좋습니다. 부모와 함께 읽는 그림책으로 소통한 아이가 한글을 일찍 깨칩니다.

한글 깨치는 8가지 방법.

❶ 좋은 그림책으로 이야기하듯 감정을 넣어 읽어줘라

❷ 한글 카드를 함께 만들고 인쇄해서 벽에 붙이고 놀아라

❸ 한글 타자 프로그램으로 하루 15분씩 연습하라

❹ 외출 시 간판을 읽으며 걸어라

❺ 화이트보드를 거실에 걸고 보드마카 10통을 소모하라

❻ 빔프로젝터와 화이트보드를 활용해 글자를 필사하라

❼ 숫자가 들어간 놀이를 즐겨 하라

저와 아내는 초등학교에 들어가서 한글을 배웠습니다. 큰아이는 생후 18개월에 간단한 글자를 쓰기 시작했고 둘째 아이는 생후 35개월에 글자를 읽기 시작했습니다. 둘째가 첫째보다 조금 늦게 한글을 깨쳤지요. 이런 차이는 아이와 책을 통해서 '얼마나 많이 소통을 했는지'에서 나온 것입니다.

큰아이는 아내와 제가 30대일 때 키웠고, 둘째 아이는 40대일 때 키웠습니다. 40대에 둘째 아이를 키우다 보니 상대적으로 책 읽어주는 데 소홀했답니다. 양질의 육아는 부모의 체력에 따라 차이를 보입니다. 그래서 둘째 아이에게 미안한 마음이 있었습니다. 하지만 둘째 아이가 초등 6학년인 지금 형과 비슷하거나 몇몇 분야에서는 더 뛰어난 성과를 보이는 것을 보니 크게 미안해하지 않아도 될 듯합니다. 부모가 어떤 것을 해주든 그 아이에게 주어진 삶의 몫인 셈이죠.

아이가 한글을 깨치고 혼자 글을 읽는 모습을 처음 보는 순간, 부모들은 감동합니다. 세상을 다 가진 것처럼 부러울 게 없지요. 물론 책을 많이 읽어줘도 글자를 늦게 깨치는 경우가 있으니, 또래보다 다소 늦게 글자를 깨치더라도 조급해할 필요는 없습니다.

한글 가르치는 시기는 따로 없습니다. 부모가 책을 읽어주면서 관심을 유도하면 글자에 대해 관심을 갖고 알고 싶어 합니다.

3살이든 5살이든, 아이가 관심을 가질 때가 바로 가르칠 시기입니다. 책을 읽어줄 때는 글자가 큰 것이 좋습니다. 한글 문장은 손가락으로 글자를 짚어가면서 읽어주는 것이 더 효과적입니다. 어떤 책을 보면 문장과 전혀 다른 그림이 그려져 있는데, 같은 페이지에 있는 그림과 문장은 연관이 있어야 합니다. 아이는 글자뿐만 아니라 그림까지 보면서 오감으로 글을 익히니까요. 그림책일 경우 문장을 읽어주면서 그림 위주로 설명을 해주는 것이 좋습니다.

두 살 아이에게 연필을 쥐고 글자를 쓰게 할 수는 없습니다. 손에 힘이 없으니까요. 이럴 때 한글 타자 프로그램을 이용하면 한글을 인지시킬 수 있지요. 손가락으로 자판을 톡톡 누르기만 하면 되니까요. 아이가 어릴 때, 저는 아이를 무릎에 앉혀놓고 컴퓨터 자판의 글자들을 함께 눌러보며 글자를 알려주었습니다.

"ㅇㅣ, ㅈㅐ ㅎㅕㄱ 이재혁."

"내가, 내가…."

"재혁이가 할 거야? 알았어. 재혁이 차례야."

"난 사과."

"사과 입력할 거야? 여기 ㅅ, ㅏ 여기, ㄱ, ㅗ, ㅏ, 사과…."

글자를 하나씩 찾아서 모니터에 찍은 아이는 행복한 얼굴이었습니다.

컴퓨터로 입력한 아이의 최초 글자는 '사과'였습니다. '사과'라는 글자 아래에 네이버에서 찾은 빨간 사과 이미지를 표 안에 넣었습니다.

"사과야, 너 도망가면 안 돼. 표에 갇혔으니까 가만히 있어야 해!"

"그래, 사과야. 재혁이 말 들었지? 꼼짝 말고 거기 있어."

아이들은 반복을 좋아합니다. 사과 이미지를 검색할 일이 아주 많습니다. 이미지는 네이버에서 찾기도 하지만 구글에서 'apple'을 검색해서 표에 넣기도 합니다. 한글과 영어를 따로 분리하지 않았습니다. 외국 사이트도 한국어 사이트에 들어가는 것처럼 친숙하도록 했습니다. 이 작은 일이 아이 영어 실력을 높입니다.

컴퓨터뿐만이 아닙니다. 아이를 안고 밖으로 나갈 때면 온 세상이 아이에겐 책입니다. 아이의 눈이 향하는 곳에 있는 글자를 어김없이 읽어주었습니다.

"아파트 단지 배치노, 현대세탁소, 삼성부동산, 호동슈퍼마켓."

글자에 관심이 생긴 아이에게는 모든 글자가 흥미롭습니다. 엄마가 입원해 있는 병원의 간판도, 병실에 붙어 있는 이름도 마찬가지입니다. 간판을 손가락으로 짚어가며 읽어주었습니다.

"여긴 엄마가 입원해 있는 병원이지? 충,남,대,학,교,병,원. 한글, 영어, 한자 모두 있네. Chungnam National University Hospital, 忠南大學校病院."

"엄마는 어디 있어?"

"엄마는 병실에 있지. 가볼까? 저기 사람들이 기다리는 승강기 타자."

"왜 안 와? 승강지."

아이가 승강기의 발음을 '승강지'라고 했습니다. 이때 틀린 발음을 자연스럽게 교정할 수 있도록 다음 대화에 '승강기' 단어를 넣어 말해줍니다.

"승강기 위쪽에 숫자 보이지? 5층, 4층, 3층, 어! 멈췄네. 기다려봐. 3층에서 사람이 탔나 봐. 다시 내려온다. 2층, 1층, 열려라 참깨."

승강기를 기다리면서 숫자가 움직일 때마다 소리를 내어 읽어줬습니다. 아이가 숫자를 보고 있었기 때문이죠. 3층에서 멈춘 이유도 설명했습니다. 아이들에게 움직이는 것은 모두 놀이입니다. 움직이는 숫자로 알려주면 종이 위의 숫자보다 흥미를 가지고 빨리 인지합니다. 책상에 앉아서 하는 공부는 오감으로 느끼는 것보다 학습 효과가 떨어집니다. 제 아이들이 한글을 빨리 깨칠 수 있었던 것은 거리의 수많은 간판과 책, 컴퓨터, 구글, 인터넷과 함께 소통한 덕분입니다.

책은 언제부터
읽어주면 되나요?

 한글을 일찍 깨치면 좋은 점 6가지.

❶ 책 읽기 독립을 시키면 부모가 편하다.

❷ 어릴 적 책 읽는 습관을 들일 수 있다.

❸ 다독으로 시야가 확장된다.

❹ 짧은 시간에 많은 텍스트를 읽을 수 있다.

❺ 이해력, 사고력, 창의력이 좋아진다.

❻ 다독을 통해 다른 과목 공부가 수월해진다.

아이가 있다면 이 책을 읽고 계신 오늘부터입니다. 아이가 아직 없다면 부모가 먼저 스스로에게 책을 읽어주세요. 아이는 나의 분신입니다. 아내가 큰아이를 가졌을 때, 저는 참 신기했습니다. 임신 5개월째 접어들자 뱃속 아이가 아빠의 퇴근 시간을 신기할 정도로 알아차렸거든요.

"여보, 배 좀 봐. 행복이 움직이는 거 보여요?"

"응, 보여. 배 속에서 축구 하나 봐."

"아빠 퇴근 시간을 아나 봐. 당신 오기 30분 전부터 꼭 이렇게 많이 요동을 치네."

그러면 저는 움직이는 아내의 배를 만지면서 아이와 이런저런 이야기를 나누었습니다. 아기 갖기를 싫어했던 저는 이 시기부터 아이에 대한 편견이 바뀌기 시작했습니다.

"행복이 잘 지냈니?"

배 속에 있는 아기는 마치 알아들은 것처럼 왼쪽에서 오른쪽으로 달렸습니다. 참으로 신기한 경험이었지요. 아이가 말을 알아듣는 것 같아서 저는 아내가 준비한 헝겊 책과 두꺼운 책을 닳고 닳도록 반복해서 읽어주었습니다.

아이가 태어나면 5개월 징도 지나야 뒤집기를 할 수 있습니다. 아이 입장에서는 생후 150일까지 천장만 바라보고 있어야 합니다. 목을 가눌 수도 없으니까요. 바로 이 시기를 놓치지 말고 아이에게 책을 읽어주는 것이 좋습니다. 아이 옆에 누워 책을 하늘로 향해 들고 읽어줍니다. 아이가 책 페이지를 볼 수 있어야 하니까요. 아빠나 엄마가 읽어주는 책 내용은 아이에게 고스란히 전달됩니다. 책이 싫다고 도망을 칠 수도 없으니, 아이는 꼼짝없이 책과 친해질 수밖에 없습니다. 책 읽는 습관을 가장 쉽게 들일 수 있는 방법인 셈이죠.

책은 부모와 아이를 소통시켜줍니다. 엄마가 부드러운 목소리로 책을 읽어주면 아이는 행복합니다. 투박한 아빠의 음성도 마찬가지고요. 아이는 그 목소리를 오래 기억한답니다.

영유아 시절에 읽은 책 1권은 청소년 시절 16권 읽은 효과로 나타납니다. 청소년이 되어 힘들게 16권을 읽게 하실 건가요? 청소년이 된 아이는 더 이상 책 읽을 시간도, 관심도 없습니다.

책 읽는 습관을 들이고 싶은데
어떻게 하나요?

책 읽는 습관 들이는 8가지 방법.

❶ 같은 시간, 같은 장소에서 매일 책을 읽어준다.

❷ 독서 타임을 정하고 부모가 독서하는 모습을 보여준다.

❸ 좋아하는 책, 쉬운 책으로 시작한다.

❹ 서점에 방문해서 아이가 좋아하는 책을 고른다.

❺ 도서관을 자주 방문해 책 읽는 형, 언니들을 보여준다.

❻ 도서관에서 매주 책을 빌리고 반납한다.

❼ 책이 중심이 되어 수업하는 유치원, 초등학교, 학원을 선택한다.

❽ 읽은 책의 제목과 느낌을 기록한다.

사람에게 어떤 습관이 생기려면 3주 정도가 필요합니다. 같은 시간, 같은 장소에서 같은 행동을 21일 동안 반복하면 습관이 됩니다. 단, 하루도 빠지지 않아야 합니다. 그리고 21일을 3번 반복하세요. 습관이 굳어지려면 두 달이 필요합니다. 아이가 보는 앞에서 21일 동안 책을 읽어보세요. 아이는 자신도 모르게 책 읽는 습관을 가지게 됩니다.

하루 독서 타임을 정하고 부모가 책 읽는 모습을 보여주세요. 책을 읽지 못하는 아이에게는 책을 읽어주세요. 아이가 책에 관심을 보이지 않는다면 부모가 마지못해 억지로 읽었기 때문입니다. 책이 세상에서 제일 재미있다는 표정과 목소리로 읽으세요. 습관은 어리면 어릴수록 쉽게 들일 수 있습니다. 반대로 한번 들인 습관은 고치기 어렵지요. 그러니 부모로부터 책을 가까이하지 않는 습관을 물려받았다면, 아이는 평생 책과는 물과 기름처럼 멀어지게 됩니다. 중학생이 될 때까지 책이라고는 교과서만 읽은 아이가 독서 습관을 들이려면 10배 이상 노력이 필요합니다.

저는 나양한 시도를 했습니다. 언젠가는 손 인형을 5개 주문한 적도 있습니다. 아빠보다 인형이 읽어주는 걸 아이가 더 좋아했기 때문이죠. 습관은 즐거운 일을 할 때 더 빨리 체화됩니다. 정말로 인형이 읽어주는 것처럼 꾸미려고 혼자서 복화술까지 연습했어요. 연습 덕분인지, 아이는 진짜로 인형이 책을 읽어주는 줄 알고 좋아했습니다. 알고도 속는 척하는지 진짜 리얼해서 그런지는 모르겠지만요. 어쨌건 아이와 저는 책과 소통하는 순간이 제일 행복했습니다.

책 읽는 습관을 들이려고 하루도 빠지지 않고 도서관을 다녔습니다. 우리 동네 도서관뿐만 아니라 마치 여행을 다니듯 모든 도서관을 찾아갔습니다. 아이는 기대에 찬 얼굴로 매일 묻습니다.

"아빠, 오늘은 어디 가?"

"한밭도서관에 가. 라면과 밥이 아주 맛있어. 라면 먹고 거기서 배드민턴 칠 거야."

"아빠, 오늘은 어디 가?"

"가수원도서관에 가. 사과나무와 구피가 있거든. 오늘은 구피가 새끼를 낳았는지 궁금하다."

"아빠, 오늘은 어디 가?"

"서구어린이도서관에 가. 공룡과 자동차가 많잖아. 어젯밤 꿈에 공룡을 만났거든. 너랑 도서관에 놀러 오라고 했어."

"아빠, 오늘은 어디 가?"

"가양도서관에 가. 영어책 읽다가 축구할 거야."

"아빠, 오늘은 어디 가?"

"둔산도서관에 가. 아빠가 새로 나온 《Why》시리즈를 신청했는데 그게 들어왔다고 문자 왔어."

"아빠, 오늘은 어디 가?"

"신탄진도서관에 가. 산꼭대기에 있어서 공기가 너무 좋아. 책 읽고 산책할 거야."

이렇게 도서관마다 각기 다른 매력과 특색이 있어 아이는 도서관 여행을 참 좋아했습니다. 고3인 지금도 틈만 나면 서점과 도서관에 자주 갑니다. 덕분에 대입 자소서와 생기부에는 읽었던 책 내용이 가득합니다.

형편이 넉넉지 않아서
많은 책을 사줄 수 없다면?

읽고 싶은 책 구하는 6가지 방법.

❶ 도서관에 읽고 싶은 책 신청하기

❷ 도서관 중고 도서, 폐기 서적 예약하기

❸ 중고서점에서 저렴하게 구입하기

❹ 아파트 재활용 날 읽을 책 찾기

❺ 주변 지인에게 읽지 않는 책 얻기

❻ 책 판매 바자회를 찾아 저렴하게 구입하기

만약 책을 자주 사줄 수 있는 형편이 되지 않는다면, 이렇게 생각해보면 어떨까요? '도서관을 자주 방문할 수 있다.' 이렇게요. 책을 사주는 것보다 도서관 방문이 더 효과적입니다. 우리 아이들이 그 증거입니다. 두 아이는 6만 권의 책을 읽었지만, 그 책들을 모두 사서 읽은 건 아닙니다.

큰아이가 태어났지만 기쁨은 잠시였습니다. 아내의 몸은 회복되지 않았고, 결국 큰 수술을 두 번이나 받아야 했습니다.

17평짜리 전셋집에 살면서 재산이라고는 전세금 2,450만 원이 전부였는데, 수술비와 병원비에 카드 빚만 900만 원이었습니다. 당시 제 월급은 120만 원이었습니다. 식사비와 교통비를 빼면 집에 가져오는 돈은 고작 80만 원입니다. 어떻게 아이를 키워야 할지도 대책이 서지 않았습니다. 병원에서 아내는 제게 처음이자 마지막이라면서 2가지 부탁을 했습니다.

"여보, 아이를 제대로 키우려면 육아서 20권만 읽어주세요. 그리고 형편이 조금 나아지면 보육학과 아동학을 전공하면서 아이에게 공부하는 모습을 보여주세요."

의사는 8번 이상 수술해도 어려울 수 있다고 말했습니다. 머릿속이 하얘지는 것 같았습니다. 아내의 권유로 읽기 시작한 육아서에서 미국 상위 3% 부모들의 독서법을 알게 되었습니다. 미국의 상위 3% 부모들은 아이가 태어나면 대학 졸업할 때까지 3만 권의 책을 읽게 하려고 노력합니다. 순간 이런 생각이 들었습니다. 가난한 부모에게서 태어난 우리 아이지만, 3만 권의 책을 읽게 한다면 미국 상위 3%가 받는 교육을 받은 셈이 되는 거라고요. 만약 3만 권 책 읽기에 성공한다면 가난한 아빠처럼 살지 않을 것 같았습니다.

책 읽기를 죽기보다 싫어하던 제가 아이를 위해 3만 권 읽기에 도전하기로 마음먹었습니다. 책 구입 비용이 부담되었기 때문에 근처에 도서관이 있는지 찾아보았습니다. 대한민국 정부에게 무척 고마운 것이 있습니다. 내 집 근처 이용할 수 있는 도서관이 많다는 것입니다. 이때부터 도서관과 친구가 되기로 했습니다.

책에 관심도 없고 필요하지도 않다고 생각했던 시절엔 보이지 않던 도서관이었습니다. 작은 도서관이라도 내가 읽을 책이 무척 많았습니다. 평생 읽어도 시간이 부족할 분량입니다. 출퇴근 시간 전후로 짬이 나면 언제나 도서관을 찾았습니다. 주말엔 어김없이 도서관에서 살았습니다. 집에 있는 시간보다 도서관에 있는 시간이 더 많을 정도였으니까요.

아파트 재활용 날엔 수십 권의 책들이 버려집니다. 누군가는 필요치 않아 버린 책들이지만 저에게는 이것들이 희망이었습니다. 매주 저희 아이를 위한 좋은 책들이 더 많이 버려지기를 기도했습니다.

처음부터 이렇게 기쁘진 않았습니다. 다른 집 아이들이 읽다 버린 책들을 주워서 읽어줄 때 자존감이 무너졌습니다. 가난에 미리 대비하지 못한 제가 원망스러웠습니다. 아빠 구실을 못하는 것 같아 스스로가 미웠고 가슴이 아팠습니다.

아이 키우면서 가장 가슴 아팠던 순간은 서점에서 아이가 읽고 싶어 했던 책들을 사주지 못한 일입니다. 너무 가난해서 벌어진 일입니다. 제가 평소에 책을 읽지 않고 치열한 삶을 살지 못하고 무방비한 상태로 세월을 보냈기 때문에 나타난 결과물입니다. 하지만 오직 아이만을 생각했습니다. 아이를 위해서 아빠가 견디지 못할 일은 없습니다. 긍정적으로 생각하기로 했습니다.

저는 큰아이가 태어난 후 19번을 이사했습니다. 전세 만기가 되면 이사를 가야 하니까요. 이사 가는 곳이 도서관과 가까운지 항상 체크를 했습니다. 아이의 삶을 변화시킬 수 있는 해답이 책에 있다는 것을 깨달았기 때문입니다. 책을 사줄 돈이 없다고요? 걱정 마세요! 도서관은 가난한 사람과 부자를 차별하지 않았습니다. 긍정적인 마인드로 현실을 바라보세요. 길은 내 마음에서 우러나오는 긍정에 있습니다.

배우자가 TV와 게임에 빠져 있어요.
책 읽는 분위기가 안 되는데 방법이 없을까요?

 배우자를 바꾸는 방법 5가지.

❶ 나의 말을 들어줄 수밖에 없는 매력적인 배우자가 되자.

❷ 시간을 정하고 아이와 함께 허락하자.

❸ 자녀교육 로드맵을 배우자와 의논해서 만든 후 벽에 붙여두자.

❹ 1주일에 1번 가족회의로 주 단위 계획을 잡자.

❺ 아프다는 연기를 자주 하고 배우자에게 육아를 부탁하자.

저도 한때는 게임 마니아였습니다. 큰아이가 아주 아기였을 때 스타크 래프트와 포트리스 게임에 빠져 있었거든요. 불타는 금요일과 토요일이 밤새 게임하기 딱 좋은 날입니다. 그런 저를 보고 참다못한 아내가 이혼을 각오하고 말했습니다.

"스타크래프트와 살 건지 나랑 살 건지, 일요일 새벽까지 결정해서 알려줘요."

일요일까지라고 한 건 게임과 마지막 작별할 시간을 주었던 것 같습니다. 지금 생각하면 우습지만 저는 일요일 새벽까지 게임과 아내를 두고 상당한 고민을 했고, 결국 아내를 선택했습니다. 이 선택이 저의 운명을 가르는 결정적인 역할을 합니다. 그 이후로 게임을 하지 않습니다. 큰아이가 성장해서 스타크래프트 하는 법을 알려 달라고 해서 몇 번 가르쳐준 적은 있습니다. 아이들이 게임에 빠지려는 모습을 보이면 아빠의 무용담을 들려주며 자제하라고 요청합니다.

"너희들이 게임에만 매달리면 아빠도 예전 게임 마니아로 돌아갈 거야. 그럼 우리 집은 어떻게 되겠니?"

큰아이는 영어 채널과 다큐만 나오는 채널만 시청하게 했습니다. PC방은 7세 때 밤에 가서 체험시켰습니다. PC방을 밤에 찾은 이유가 있습니다. 낮에 가면 형들과 누나들이 게임을 하고 있습니다. 그 모습을 본 아이도 게임을 하고 싶은 욕망이 생기겠죠. 그래서 밤에 갔더니 시커먼 아저씨들이 담배를 피우면서 게임에 몰두한 모습이 무섭게 느껴진 거죠.

대신 집에서 게임을 하도록 허용했습니다. 덕분에 친구들의 유혹에도 초중고 시절 PC방 한 번 가지 않은 아이로 성장했습니다. 고등학생이 된 아이가 이렇게 이야기를 하네요.

"아빠, 제가 어릴 때 PC방 데려갔던 거 기억하세요? 저 그때 정말 무서

웠어요. 그래서 초등학교 때 친구들이 PC방 가자고 해도 안 갔잖아요."

둘째 아이는 초등학교 2학년부터 다양한 TV 채널과 게임을 어느 정도 허용했습니다. 부모가 보는 곳에서 한다면 조절할 능력을 기를 수 있습니다. 요즘 게임은 음성으로 대화를 하면서 서로 협력해서 합니다. 그래서 사교성이 좋아지고 전학 간 학교에서 친구에게 추천받아 임원까지 맡게 되었습니다.

게임은 엄마가 남편과 아이와 밀당할 때 꼭 필요합니다. 남편에게 게임을 일정 허용하면서 다른 부탁을 하세요. 아이에게는 숙제와 자신이 해야할 우선순위를 정해주고 게임을 허락하시면 됩니다.

배우자가 인생의 낙으로 여기는 TV와 게임을 끊게 할 수는 없습니다. 통계에 굳어진 습관을 바꾸려면 스스로 3000번의 노력이 필요하다고 합니다. 바꿀 수도 없고 바뀌지도 않습니다. 집에서 너무 과하게 아빠가 게임에 빠져 있다면 차라리 아빠를 PC방에 보내세요. PC방을 가지 않는 아빠라면 아빠 게임하는 시간에 맞춰 아이와 운동이나 스터디 카페 같은 곳을 가세요.

아이들은 칭찬을 먹고 자랍니다. 남편도 칭찬이 먹히기도 합니다. 아들과 남편은 단순합니다. 남편이 TV를 보고 게임하는 모습을 자녀에게 노출시키지 않았을 때 많이 칭찬해주세요. 칭찬은 연애시절 내가 반해서 내 인생을 걸었던 듬직한 남편으로 다시 돌아오게 합니다.

⁂ 독서 비법 추천 도서

* 『1% 리더만 아는 유머 대화법』
* 『가난한 부모라면 세상에 맞설 지혜를 줘라』
* 『강의하지 말고 참여시켜라』
* 『굿바이 사교육』
* 『꿈꾸는 자는 멈추지 않는다』
* 『내 아이가 갈 수 있는 최고의 대학』
* 『당신이라는 1인기업』
* 『독서교육 어떻게 할까?』
* 『무지한 스승』
* 『반복 학습이 기적을 만든다』
* 『부모라면 유대인처럼』
* 『세상 모든 것이 공부다』
* 『수업의 완성』
* 『영재를 이해하는 부모 영재로 착각하는 부모』
* 『청심의 ACG 교육철학 이야기』
* 『칼비테의 자녀교육법』
* 『푸름이 이렇게 영재로 키웠다』
* 『핀란드 공부혁명』
* 『하루 나이 독서』

책을 1분도 읽지 않는 우리아이, 10분 이상 책을 읽게 할 수 있는 방법은?

집중력을 키우는 방법 6가지. 🖊

❶ 자기주도적 놀이와 운동으로 집중력을 키운다.

❷ 놀고 있을 때나 책을 읽을 때 방해가 되지 않게 한다.

❸ 국어 책 읽듯이 읽기는 NO! 최대한 재미있게 읽어준다.

❹ 쉽고 재미있는 책으로 독서를 시작하게 한다.

❺ 책 속 이야기를 나눌 때는 짧고 쉬운 말을 사용한다.

❻ 아이에게 말을 걸어도 될 상황인지 확인 후 말한다.

아이들의 집중력은 아이 나이에 5분을 더하면 됩니다. 아이가 5세라면 10분, 7세라면 약 12분의 집중력을 보일 수 있어야 합니다. 어른에게는 10분, 12분이 무척 짧은 시간이지만 아이에게는 긴 시간입니다. 책을 좋아하지 않는 아이가 12분을 집중해서 읽는 것은 정말 어려운 일이죠. 그러니 놀이와 운동으로 집중력을 키우는 한편 책을 좋아할 수 있는 환경을 마련해야 합니다.

집중력은 놀이를 통해 키울 수 있습니다. 집중력 증진을 위한 탁구공을 구입합니다. 집에서 탁구를 하려면 식탁과 매트가 필요합니다. 식탁이나 상이 없다면 바닥에 청테이프로 선을 만듭니다. 매트 대용으론 책을 세웁니다. 탁구채는 하드커버 책을 이용합니다. 탁구를 하는 동안 책과 친숙해집니다. 책으로 탁구공을 튕겨 기록을 잽니다. 이처럼 책을 도구로 다양한 놀이를 권합니다.

교육 관련 잡지 속에 책나무에 책이 주렁주렁 열려 있는 모습을 보았습니다. 이번 주말에는 아이와 책나무를 만들며 함께 시간을 보내면 좋을 것 같았습니다.

"이 책나무 만들 건데 어때?"

"만들 수 있어요?"

"도전해봐야지. 재미있을 것 같다. 우선 문구점에서 재료가 있는지 가보자."

집 가까이 대형 문구점이 2개나 있다는 것은 아이 창의력에도 기여도가 큽니다.

"아이소핑크와 한지가 있으면 되겠다."

"어떻게 만들어요?"

"아이소핑크는 잘라서 나무를 만들고 한지로 감싸면 진짜 나무처럼 보여. 칼, 글로건은 집에 있고 풀은 밥풀로 끓이면 되니까 준비물은 이걸로 끝."

점심으로 짜장면을 먹었습니다. 이런 날 밥까지 해 먹이면 오늘 중으로 끝내기 힘들어요.

"아빠가 자를 테니까 아이소핑크가 움직이지 않게 잘 잡아줘."

"이렇게요?"

"그래. 칼로 작업할 땐 정말 조심해야 해. 장난치면 아빠나 네가 다칠수 있어. 칼이 가는 방향에 손이 있으면 위험하니 최대한 조심조심해야겠지?"

"네, 알았어요. 집중할게요."

하루 온종일 아이와 의논하며 만든 책나무는 부자지간을 더 돈독하게 만들었습니다. 아이는 성취감을 맛보았고 책나무라는 결과가 나오는 경험을 가졌습니다. 아이가 가장 오래 머무는 곳, 거실에 보기 좋은 책나무가 있으니 마냥 행복합니다. 책나무 덕분에 아이는 책에 흥미가 더해졌습니다.

"오늘 읽을 책을 아침마다 책나무에 걸어둘게. 따 먹으면 돼."

"진짜 먹어요?"

"눈으로 맛있게 먹는 거야."

"네, 지금 한 권 따 먹을래요."

운동과 독서의 균형

운동, 공부, 독서, 숙제에도 순서가 있어요. 알아볼까요?

❶ 학교 숙제를 먼저 한다.

❷ 20분씩 과목을 번갈아 가며 공부한다.

❸ 읽고 싶은 책을 골라 독서를 한다.

❹ 배드민턴, 줄넘기 등 아이가 좋아하는 운동을 한다.

❺ 샤워 후 잠자리에서 독서를 한다.

예전에 초등학교 3학년 컴퓨터 수업을 맡은 적이 있습니다. 늦은 밤에 아이 집으로 방문해서 하는 수업이었어요. 그런데 수업이 시작되고 5분도 채 되지 않아 아이의 눈꺼풀이 가물가물하기 시작했습니다. 잠을 깨우려 목소리를 크게 하기도 하고 행동을 크게 해도 어김없이 졸음을 쫓지는 못했습니다.

선생님을 앞에 두고 아이가 존다는 건 무척 자존심 상하는 일입니다. 그날 수업을 마치고 엄마에게 아이의 하루 스케줄을 여쭤보았습니다. 제 수업 바로 전에 수영을 하고 온다고 했습니다. 피곤한 몸으로 수업을 받으니 졸음이 쏟아질 수밖에요.

그래서 수업 시간을 조절해 수영 가기 전으로 옮겼습니다. 그러자 아이는 더 이상 수업 시간에 졸지 않았습니다.

어른들은 격렬한 운동을 하고 나서도 정신력으로 공부가 가능할 수도 있습니다. 하지만 체력이 약한 아이들에게는 견디기 힘든 고문입니다. 그러니 몸을 활발하게 움직이는 운동을 하기 전에 책을 읽거나 숙제를 마치도록 해주세요. 수영뿐만 아니라 다른 운동도 피곤이 몰려오는 건 똑같습니다. 저도 이런 문제로 가끔 아이와 타협을 합니다.

"아빠, 오늘 축구해요."

"그래, 1시간 뒤에 일 끝나니까 기다려줘. 학교 숙제나 준비물은 없는지 확인해 보렴."

"내일까지 독서록 내야 해요."

"그럼 독서록 먼저 쓰는 게 어때? 책 읽고 독서록 쓰고 나면 아빠 일도 끝나겠다. 파이팅!" 이렇게 말이죠.

아이의 스케줄을 짤 때는 정적인 것을 먼저 하고 동적인 것은 뒤로 배치하는 게 좋습니다. 운동을 하고 나서 샤워를 하면 온몸의 긴장이 풀려 잠이 오기 마련입니다. 공부하거나 책을 읽은 다음 운동을 하고, 샤워까지 마칩니다. 그리고 다시 책을 읽다가 잠들면 완벽합니다.

책 편식 확장하기

책 편식을 활용하는 4가지 방법.

❶ 《Why》《Who》같은 만화로 분야를 넓혀 나간다.

❷ 신문을 구독하면서 종합적 사고력을 키운다.

❸ 체험을 통해 흥미로운 분야를 개척한다.

❹ 자주 도서관에 들러 다양한 분야의 책을 노출시킨다.

책을 편식한다는 것은 좋아하는 분야의 책을 집중해서 본다는 의미입니다. 나쁘게 볼 일이 아니라 한 분야를 깊이 파고든다고 생각하세요. 한 분야의 호기심이 충분히 충족되면 다른 분야로 호기심이 넘어갑니다. 그때까지 기다려주세요.

동물을 좋아해서 사육사 꿈을 가진 아이가 있습니다. 부모도 아이 꿈을 격려합니다. 그런데 점점 공부를 잘하면 부모들은 의대에 진학해서 의사가 되었으면 좋겠다는 욕심을 냅니다. 의사가 되기 위해 읽어야 할 책과 공부해야 할 책 그리고 다녀야 할 학원을 정해줍니다. 이러면 아이의 꿈이 의사로 바뀔까요? 아닙니다. 아이는 부모와 갈등을 겪을 수 있고 자신이 좋아하던 꿈을 잃어버릴 수 있습니다. 꿈을 이루기 위해 집중할 수도 없습니다. 아이의 현재 꿈이 사육사라면 격려하면서 사육사와 관련된 책을 읽을 수 있노록 해줘야 합니다.

'네이버 책' 코너나 온라인 서점에서 '사육사'를 검색하면 수백 권의 책이 나옵니다. 도서관 사이트에서 찾은 후 대출하는 수고를 하세요. 부모가 관심을 보이면 아이는 책에 더 흥미를 가집니다. 사육사에 대해 공부하다 보면 동물을 치료하는 수의사에도 관심이 생기고, 수의사와 관련된 책도 읽겠죠. 수의사와 동물 치료에 관해 공부하다 보면 더 깊은 의학 서적에도 관심을 가집니다. 아이 꿈이 서서히 확장되는 모습을 옆에서 즐겁게 지켜보시면 됩니다. 의사가 되고 아니고는 아이 몫입니다. 처음에는 사육사와 관련된 책에만 집중했던 관심 범위가 저절로 넓어지는 과정을 거칩니다. 이 과정 없이 바로 의사가 되라고 강요한다면 부작용이 적지 않습니다.

아이는 꿈이 하나로 고정되어 있지 않습니다. 태어나서 죽을 때까지 꿈도 직업도 수없이 바뀝니다. 부모의 역할은 아이의 꿈이 바뀔 때마다 그 꿈과 관련된 책을 찾아주고 관심을 가져주는 것입니다. 벼는 농부의 발자국 소리에 쑥쑥 자랍니다. 뜨거운 난로보다 아이에게 필요한 건 따뜻한 난로입니다.

책 편식을 의도적으로 확장시키고 싶다면 다양한 체험을 하게 해주세요. 아이와 여행 갈 때 읽히고 싶은 책을 챙기세요. 여행이 아무리 재미있다 해도 여유 시간이 많습니다. 여행지에서 읽는 책은 또 다른 경험을 만듭니다. 가족들이 외식하러 갈 때도 책을 들고 가세요. 읽지 않아도 상관없습니다. 그냥 들고 다니세요.

손에서 책을 놓지 않는 부모의 모습을 보고 자란 아이는 책을 사랑합니다. 지하철 출근길이나 퇴근길에도 손에 스마트 폰 대신 책을 꺼내 읽으세요. 아이가 옆에 있을 때나 없을 때나 책을 가까이하면 습관이 됩니다. 몸에 밴 습관은 아이를 대할 때 분명 나타납니다. 편식하는 아이를 변화시키고 싶다면 부모부터 변하면 됩니다.

중학생이 되면서 책을 읽지 않아요

중학생이나 고등학생이 되어도 여전히 책을 읽어야 합니다. 대입 생기부에 자기 꿈에 관한 책 50%와 환경, 기아, 역사, 세계사 등의 책을 기록해야 합니다. 이 내용으로 면접도 봅니다. 꼭 대학에 입학하기 위해서가 아니더라도 책은 아이 삶에 구심점 역할을 합니다. 공부해야 할 과목이 늘어나고 영어, 수학 학원도 다녀야 해서 시간이 없다고요? 그래도 책은 꾸준히 읽혀야 합니다. 아이가 다니는 학교에서 책 읽기를 권장하면 좋겠지만 그런 학교는 몇 곳 되지 않습니다. 명문고나 명문대에서는 신입생을 뽑을 때 책을 많이 읽은 학생들을 선호합니다.

그렇다고 책만 좋아하고 내신이 엉망인 아이는 뽑지 않습니다. 독서와 학습을 접목시킨 아이가 경쟁력이 높습니다. 명문대를 보내라는 의미가 아닙니다. 최고의 학교에서 왜 독서를 중요시하는지 그 이유를 알고 있어야 합니다. 대통령이나 상위 3% 사람들의 독서량은 탁월합니다. 그 사람들이 시간이 많아서 책을 취미 삼아 읽었을까요? 절대 아닙니다. 없는 시간을 쪼개어 책을 읽었기에 그만큼 교양을 쌓은 겁니다.

"아빠, 오늘 서점에 가야 해요."

"그래? 지금 시간 괜찮은데 갈까?"

고등학생이 되어 기숙사 생활하는 아이가 지금도 아빠와 함께 하는 게 몇 가지 있습니다. 그중 하나가 서점에 가는 일입니다. 새로운 책이 있는지도 살피고, 평소에 읽고 싶던 책을 사기 위해서입니다.

"아빠, 오늘 고른 2권은 꼭 소장하고 싶은데 사도 돼요?"

"아빠야 땡큐지. 아빠가 가장 행복할 때가 우리 아들 책 읽는 모습을 볼 때야. 읽고 싶은 책이 있으면 언제든지 말해."

성공한 사람들은 '어떻게 하면 성공할 수 있을까'를 연구하고, 실패한 사람들은 '어떤 핑계를 댈까'를 연구합니다. 저도 제가 가난했던 이유를 찾아보니 책을 읽지 않은 탓도 있었습니다. 성공한 인생을 살 수도 있고 실패한 인생을 살 수도 있습니다. 누구나 성공한 인생을 살고 싶지만, 자신의 삶을 마음대로 골라잡지는 못합니다. 아이가 책을 얼마나 읽었는가에 따라 행복을 바라보는 관점이 달라지고, 자신만의 행복을 정의하고 만들어갈 수 있습니다. 책을 좋아하는 아이로 만들어주는 것이, 행복한 삶으로 인도하는 것입니다. 행복과 성공은 즐겁게 읽은 책 속에서 꽃피웁니다.

아이가 푹 빠져들도록 재미있게
책을 읽어줄 방법

책을 재미있게 읽어주려면 책 읽는 사람이 행복해야 합니다. 마음에 여유가 있어야 독서할 마음도 생깁니다. 사소한 것에서 행복을 찾으세요. 가난이 창문 넘어 들어오지 못하게 철저히 대비하세요. 살아 있음에 고마움을 가지세요. 그런 다음 훌륭한 연기자가 되어 관중인 아이 마음을 사로잡아야 흥행합니다. 읽어주는 사람이 책 속에 몰입해야 합니다. 책 속에는 여러 명의 등장인물이 나옵니다. 인물들의 특성을 파악해서 각기 다른 목소리로 표현합니다. 아이는 상상의 세계를 여행합니다. 손 인형을 가지고 읽어줄 때는 마치 인형이 말하는 것처럼 복화술 연기를 펼치세요..

남편이 아이에게 책을 재미있게 읽어주지 않는 건 방법을 몰라서가 아닙니다. 다른 걱정거리가 있을 수 있습니다. 그냥 책을 읽어주기 싫을 수 있습니다. 어려서 책 읽는 습관이 되지 않아 그렇습니다. 국어책 읽듯이 읽어도 노력은 한 셈이니 불행 중 다행이라 생각하세요. 일말의 희망은 있습니다. 남편을 남, 편으로 만들지 말고 내 편으로 만드세요.

"여보, 오늘 저녁은 당신 좋아하는 꽃게탕 끓일 거야. 그 시간에 우리 길동이 책 좀 읽어줄 수 있어? 나는 당신이 아이에게 책 읽어줄 때가 가장 예쁘고 멋지더라."

이렇게 한번 말해보세요. 우리 남편에게는 이런 애교가 먹히지 않는다고요? 그럴 때는 밥을 하지 않는 것도 방법 중 하나입니다. 남편이 절대로 책을 못 읽어주겠다고 하면, 남편에게 저녁식사를 차리라고 하고 엄마가 아이에게 책을 읽어주세요. '당신이 백종원보다 더 요리 잘할 거야'라면서 남편에게 칭찬을 하세요. 이 시대 최고의 요리사를 끌어들여 경쟁심을 자극합니다. 요리하는 아빠를 보고 자란 아이는 창의력도 높아집니다. 운이 좋으면 미술 시간에 요리하는 아빠를 그려서 상을 받을 수도 있겠지요.

"나보고 어떻게 요리를 하란 말이야?"

"인터넷 검색창에 '백선생 요리'라고 쳐봐요. 레시피랑 요리 방법이 다 나와요."

이렇게 일러줘도 많은 아빠들은 아마 앞치마를 두르는 대신 냉장고에 붙어 있는 배달 음식을 고를 것입니다. 그 모습에 질려 하면 곤란합니다. 그냥 시키게 두세요. 배달 음식도 가끔 먹어야 맛있습니다. 매번 시켜 먹으면 집밥이 그리워질 수밖에 없습니다.

　그렇게 되면 책을 읽어주거나 직접 요리에 도전할 것입니다. 그럴 때는 칭찬해주세요. 잘할 때 칭찬을 아끼지 않으면 남편은 분명 변합니다. 대신 남편에 대한 상과 벌은 아이와 똑같아야 합니다. 아빠니까 봐주는 건 형평에 맞지 않습니다.

신문과 독서가 상관있어요?

신문을 구독하면 성공 확률이 더 높아진다는 연구결과가 있습니다. 신문을 읽는 사람과 그렇지 않은 사람의 연봉이 20% 차이가 납니다. 입사 시험 면접 질문이 신문에서 출제되는 경우도 있습니다. 신문 한 부를 꼼꼼히 읽으면 책 한 권을 읽은 효과가 나타납니다. 특정 분야의 전문가가 되려면 관련 서적 500여 권을 읽으면 됩니다. 대학이나 대학원을 졸업하지 않고도 독서만으로 특정 분야의 전문 지식을 쌓을 수 있습니다.

신문을 2년간 구독하면서 기사 내용을 빠짐없이 읽으면 세상 돌아가는 트렌드를 알 수 있습니다. 하지만 지금은 많은 사람들이 종이 신문보다 스마트 폰을 통해 기사를 봅니다. 읽고 싶지 않은 기사에 알람이 울리기도 합니다. 제목을 보면 궁금해서 누르지 않을 수 없는 낚시성 기사도 많지요. 호기심을 유도하는 선정적인 제목에 넘어가지 않을 사람이 몇이나 될까요? 그러다 보면 지식이 한쪽으로만 치우치게 됩니다.

신문을 구독하면 종합적인 사고력이 향상됩니다. 신문은 말 그대로 지적 대화를 위한 넓고 얕은 지식을 제공해줍니다. 독서와는 또 다른 매력을 지니고 있습니다. 정치, 사회, 경제, 문화를 비롯해 읽어야 할 책까지 소개되기도 해요. 그래서 학교에서는 NIE 수업을 진행하기도 합니다. 아이를 신문과 친해지게 하려면 신문으로 놀게 하면 됩니다.

한글을 잘 모르는 아이와 신문에서 가족이나 동물 이름 찾기 놀이를 하면 글자를 익히게 됩니다. 영어 단어 찾기 놀이는 영어와 친숙하게 만들어요. 신문을 펼치면 모르는 영어와 한자가 여기저기서 등장합니다. 당황할 필요가 전혀 없습니다. 모르는 것을 찾아보는 것도 좋은 공부입니다. 영단어는 사전으로 해결하면 되고, 모르는 한자는 해당 기사를 찬찬히 살펴보면 한자가 해석되어 있습니다.

아이와 함께 신문을 보다가 모르는 글자가 나오면 아이에게 문제 해결 방법을 알려주는 좋은 기회가 될 것입니다. 신문은 부모가 알려줄 수 없는 넓고 깊은 지식을 제공하기도 합니다. 가까이하면 할수록 내 몸값을 올려주는 훌륭한 지식 파트너입니다. 신문을 멀리하는 것은 이 훌륭한 파트너를 잃는 것과 같습니다.

아이가 책뿐만 아니라 신문도 읽도록 해주세요. 신문 읽기로 무장한 아이는 어떤 이슈에도 자신의 의견을 낼 수 있는 아이로 자라납니다.

신문을 구독해야 하는 이유 4가지.

❶ 종합적 사고력을 키울 수 있다.

❷ 세상의 흐름을 아는 아이가 될 수 있다.

❸ 아파트 정보 등 재테크 정보를 얻고 경제 교육이 된다.

❹ 실생활에 필요한 논술을 접할 수 있다.

학교의 권장도서를 읽기 싫어해요

"아빠, 어디 가세요?"

"도서관 문 닫기 전에 권장도서 대출하러 가."

"저도 같이 가요."

교과서마다 교과 내용과 관련 있는 추천도서들이 있습니다. 학교 공부하면서 함께 읽으면 좋은 권장도서들이죠. 초등학교 1학년부터 6학년까지, 중학교와 고능학교까지 각 학년별로 권장도서 목록이 나옵니다. 학교에서 제공하는 목록도 있고, 도서관이니 출판사에서 선별한 목록도 있습니다.

아이 학교에서 독서 골든벨 대회 안내문을 받았습니다. 골든벨 문제는 학교 권장도서에서 나온다고 합니다. 짬을 내어 학교 도서관을 찾았습니다. 권장도서마다 2권 정도 비치해둔다는데 어느새 모두 빌려 가고 없습니다. 책을 모두 구입하기에는 비용이 만만치 않습니다. 초등 4학년만 7개 반이며 한 반에 25명입니다. 5, 6학년도 골든벨 대회에 참가합니다. 525명 중에 2명만 학교 도서관에서 책을 빌릴 수 있으니, 나머지 아이들은 책을 구입하거나 지역 공공 도서관들을 투어해야 합니다. 이마저도 늦으면 책을 구할 수 없어요. 저는 작정하고 시내 도서관에서 빌리기로 했습니다.

"아빠는 골든벨에 나오는 권장도서를 찾을 건데 너도 같이 찾을래?"
"아니요. 전 그냥 책 읽을게요."

도서관에 따라온 것만으로도 감사할 따름입니다. 학교에서 나눠준 권장도서 목록이 적힌 종이를 들고 도서관 컴퓨터 앞에 앉았습니다. 수백 명의 학부모도 같은 작업을 하고 있으리라 생각하니 웃음이 납니다. 30분 동안 겨우 5권을 찾았습니다. 둘러보니 다른 학부모들도 저처럼 책을 찾고 있습니다. 마음이 조급해지니 책 제목도 눈에 잘 들어오지 않습니다.

"아빠, 아직 찾고 계세요?"
"응, 책이 꽁꽁 숨어 있네."

이윽고 안내방송이 나오기 시작했습니다.

"도서관 마감 5분 전입니다. 정리해주세요."

1시간 동안 10권밖에 찾지 못했는데 벌써 도서관을 나가야 할 시간이 됐습니다. 빌린 권장도서를 들고 집으로 왔습니다. 아빠가 열심히 찾는 모습을 보았기 때문일까요. 아이는 단숨에 빌려온 책들을 다 읽었습니다.

아이들이 권장도서를 읽기 힘든 이유가 여기 있습니다. 학급 문고에 권장도서를 비치해둔다면 쉽게 읽을 수 있겠지만, 이것은 일부 학교나 학급에서만 가능한 일입니다.

공공 도서관에서 어른도 찾기 힘든 권장도서를 아이가 찾아서 읽기란 어렵습니다.

그날 저녁, 사이버 도서관 홈페이지에 접속했어요. 권장도서 제목을 입력하니 책이 구비되어 있는 도서관 목록이 나왔습니다. 모두 메모하고 다음 날, 차를 몰고 책을 빌리러 갔습니다. 책을 빌려다 주는 일이 이리 고역인 줄은 생각지도 못했어요. 그래도 독서 골든벨 대회 덕분에 아이와 도서관에 함께 올 기회가 생겨서 좋았습니다. 권장도서를 반드시 읽어야 하는 것은 아닙니다. 하지만 다른 책보다 우선적으로 읽히려는 노력은 필요합니다. 그 나이에 맞는 교육도서이니까요.

아이가 책을 읽을 줄 아는데
혼자서는 읽지 않아요

큰아이는 초등 2학년까지 책을 읽어달라고 했습니다. 둘째는 7세부터 혼자 책을 읽기 시작했습니다. 아이가 책 읽기 독립을 하는 날은 대한 독립만큼 기쁜 날입니다. 이젠 아이가 늦은 밤에 책 읽기 원할 때 밤을 새워 읽어주지 않아도 됩니다. 스스로 읽을 수 있으니 읽다가 자겠죠. 내일 일을 해야 하는데 새벽까지 책 읽어주는 것은 고문에 가깝습니다.

"아빠, 시간 되세요? 책 좀 읽어주세요."

"그래? 우리 큰아들 오랜만에 책 읽어줄까?"

초등 5학년 아이를 옆에 앉히고 두 페이지를 읽어 내려갔습니다.

"아빠, 감사합니다. 아직도 저를 사랑하시네요."

"하하하, 책 읽어주는 게 사랑하고 무슨 상관이 있니?"

"아직도 저를 사랑하니까 이렇게 다 컸는데도 책을 읽어주신 거잖아요."

5학년 아이가 부모에게 책 읽어달라고 하는 것은 글자를 몰라서가 아닙니다. 아이는 부모에게 관심받고 사랑을 확인하고 싶은 것입니다. 사랑하니까 읽어준다는 말이 내내 가슴에 남습니다.

물론 다른 이유들도 있을 것입니다. 어느 순간 책에 흥미가 떨어져서 부모에게 SOS를 보내는 것일 수도 있습니다. 예전에 재미있게 책을 읽던 추억이 그리워 읽어달라고 할 수도 있습니다.

이유가 무엇이든 부모는 그냥 또다시 재미있게 읽어주면 됩니다. 아이가 더 성장하면 읽어주고 싶어도 그럴 수 없습니다. 아이의 나이와 상관없이 기쁜 마음으로 책을 읽어주세요. 책 읽기는 사랑의 증표입니다.

좋은 책? 나쁜 책?

몇몇 책을 제외하고 나쁜 책이란 없습니다. 좋은 책을 읽히고 싶은데 책 선택이 힘든 분들은 도서관을 활용하세요. 도서관 사서 선생님이 정성껏 선별해서 구분해두니까요. 모든 책들은 제각기 이유를 가지고 있으니, 좋은 책과 나쁜 책을 구분하기보다는 아이의 관심사에 귀를 기울여보세요.

만약 아이가 공벌레에 흥미를 가지고 놀고 있으면 공벌레와 관련된 곤충 책을 살짝 건네주세요. 관련 서적이 수백 권이 넘습니다. 도서관을 가까이하세요. 저는 미리 사이버 도서관을 이용합니다. 아이의 관심사와 관련 있는 책을 검색해서 빌려다 읽습니다. 누가요? 제가요. 그러면 제가 빌려 온 공벌레 책에 아이가 흥미를 보입니다.

"아빠, 공벌레 좋아하세요?"

"응, 어릴 때 여러 마리 잡아서 많이 굴려봤지."

"어떤 책을 빌려왔어요?"

"『하늘을 난 공벌레』와 『공벌레 박사의 곤충 관찰기』야."

"저도 읽을래요."

세상에 나온 모든 책은 나온 이유가 있습니다. 좋은 책과 나쁜 책을 구분하는 것은 의미가 없습니다. 대신 읽어야 할 시기를 구분해야 합니다. 예를 들어 성인 책을 어린 학생이 읽으면 나쁜 책이 됩니다. 같은 책이라도 어떤 나이에 접하느냐에 따라 다른 결과를 가져옵니다. 아이가 읽는 책에 부모의 관심이 필요한 이유가 여기에 있습니다.

감수성이 예민한 청소년이 성인들이 봐도 잔인한 소설책을 읽고 있다면 인성과 학업에도 영향을 미칩니다. 부모가 아이 옆에서 함께 책을 읽으면 아이는 스스로 조절하는 능력이 생깁니다. 지금 봐야 할 책과 나중에 봐야 할 책을 스스로 구분하게 되는 것입니다.

만화책만 읽는 아이, 다른 책도 읽히고 싶은데 방법이 없을까요?

웹툰 작가 10만 명 시대입니다. 둘째가 초등학교 6학년 때 학교에서 수학과학 영재를 뽑는다는 소식에 원서를 접수했습니다. 시험을 치고 온 저녁에 아이와 대화를 나누었습니다.

"아빠, 이번 시험 문제 푸는데 깜짝 놀랐어요."

"왜?"

"《Why》 만화책에서 적어도 5문제 이상이 나왔어요. 만화책도 도움이 되죠?"

"그럼, 아빠도 초등시절에 만화책 많이 봤다. 지금처럼 《Why》나 《Who》는 없었지만."

'우리 아이가 만화책을 많이 읽는데 도움이 될까요?'라는 질문을 많이 받습니다. 저는 만화책을 읽는 아이의 모습조차 고마웠습니다. 만화책이든 일반 책이든 독서를 할 때, 심지어 TV나 게임을 할 때도 방해하지 않는 것이 중요하다고 생각합니다.

"아빠, 이 만화책이 아직도 집에 있어요?"

"형도 이 만화책 알아?"

"알지. 진짜 재미있었는데."

중학생이 된 아이가 어릴 때 읽었던 만화책을 들고 책상에 앉았습니다. 마지막 장을 덮고 나서야 다른 책을 집어 듭니다. 만화책만 읽는 아이는 다른 책을 읽을 시간이 상대적으로 줄어들지요. 하지만 만화책도 분명히 아이에게 도움되는 부분이 많습니다. 그런데 다른 책은 전혀 읽지 않고 만화만 본다면, 텍스트로 된 책이나 어려운 책으로 넘어가는 데 어려움을 겪습니다.

그러니 만화책 1권을 읽을 때마다 텍스트 책도 1권씩 읽도록 권해보는 건 어떨까요. 아이가 받아들인다면 지금보다 독서량이 2배로 늘어날 수 있습니다. 중국 역사나 스토리 영어책도 만화로 보면 훨씬 잘 읽힙니다. 공부를 하다가 잠시 휴식이 필요할 때 만화책으로 머리를 식힐 수도 있지요.

제 어린 시절에는 그림책은 형편이 어려워 구경도 못했습니다. 텍스트로 된 책은 집에 있지도 않았지요. 집에 있는 책은 모두 큰형과 관련된 책들이었죠. 큰형보다 9살이나 어렸기 때문에 제가 읽을 만한 책은 없었습니다. 어쩌면 그런 환경 때문에 대학을 졸업할 때까지 전공서적 외에 다른 책들은 가까이하지 않았는지도 모릅니다.

그래서 저는 아이들이 만화책을 읽고 있는데 다른 책을 읽으라고 권한 적이 없습니다. 만화책은 아빠 마음속으로만 세고 읽은 서적 목록에 기록하지 않았습니다. 대신 만화책과는 별개로 텍스트 책 읽는 시간을 더 많이 가질 수 있도록 환경을 만들어주었습니다. 텍스트 책을 읽을 때 더 많은 관심과 칭찬을 해줍니다.

만화책이든 텍스트 책이든 아이가 즐겁게 읽는다면 문제 될 게 없습니다. 만화책을 못 보게 집에서 아예 치워버리는 부모님도 있는데요, 이럴 경우 모든 책이 싫어지는 역효과가 나타날 수 있습니다. 저는 다양한 책을 읽히기 위해서 도서관에 자주 들락거립니다. 저녁을 먹고 나서 독서 타임으로 책 읽을 수 있는 분위기를 만들기도 합니다. 그러면 아이는 분위기에 동화되어 다양한 책을 접하게 됩니다.

만화책이 유용한 이유 2가지.
❶ 책에 흥미가 없는 아이를 책의 세계로 인도한다.
❷ 어려운 내용도 그림으로 쉽게 이해할 수 있다.

만화책의 단점 2가지.
❶ 문장력이 약해진다.
❷ 만화책을 많이 읽으면 텍스트 책과 멀어진다.

낮에는 책을 읽지 않고
밤에만 책을 보려고 해요

낮에 읽어야 한다는 것은 어른들의 기준입니다. 어른들은 낮에 일하고 밤에는 쉬어야 해서 아이를 빨리 재우고 싶을 겁니다. 아이가 책을 읽어 달라고 하면 귀찮은 거죠. 아이 입장에서 살펴보죠. 낮에는 친구들과 놀아야 합니다. 그러니 밤에 독서를 선택하는 거죠. 밤에 책을 읽는 것도 나쁘지 않습니다. 밤은 감성과 상상력을 더 자극해주니까요.

너무 늦게 자는 것이 아니라면 자유롭게 읽도록 두는 건 어떨까요? '아이가 가장 사랑스러울 때가 잠들었을 때'라고 합니다. 저는 이런 말을 들으면 조금 서글퍼집니다. 아이를 빨리 재우려고 노력하기보다 잠들기 전까지 어떤 책을 읽어줄까를 고민하면 어떨까요. 빨리 재우고 싶으면 흥미진진한 책보다는 잔잔한 내용의 책을 읽어주면 되니까요.

우리 아이들은 둘 다 밤 12시 정도에 잠을 청합니다. 늦게 자는 편이죠. 대신 아침 8시에 일어납니다. 저녁을 먹고 학원에 가지 않기 때문에 운동이나 독서 타임을 5시간 정도 가질 수 있습니다. 저는 하루 일을 끝내면 잠들기 전까지 아이들과 함께 보냅니다. 저녁을 일찍 먹는 날이면 영화관에 가서 최신 영화를 함께 보고 영화 이야기를 나누기도 하지요. 이 시간이 하루 중 가장 행복합니다. 행복하니까 행복할까요? 행복하다고 생각하니까 행복합니다. 어른도 매일 당구, 볼링, 골프 치면서 치맥 먹으면서 살고 싶습니다. 하지만 그렇게 살면 가정은 파탄 나겠죠. 참다가 가끔 하면 재미있습니다.

　아이들은 주로 낮에 놀지요. 아이들은 놀기 위해 태어났습니다. 놀아야 건강하고요. 낮에 놀이터나 운동장에 가면 함께 놀 친구들이 있지만 밤에는 함께 놀 아이들이 없습니다. 그러니 낮에는 친구들하고 놀이터에서 놀고 밤이 되면 혼자 놀기 심심하니 책이랑 놀 수밖에요. 밤마다 책을 읽어달라고 보채기도 하고요.

　아이가 낮보다 밤에 책 읽기를 좋아하는 것은 어쩌면 지극히 당연한 것입니다. 아이의 입장에서 한번 생각해보면 아이가 이해될 겁니다. 수다 떨기 좋아하는 엄마에게 옆집 엄마와 만나지 말고 책 읽으라고 하면 제쳐두고 싶어지죠. 아이 입장에서 이해하려고 노력하면 육아는 쉽고 행복합니다.

긴 호흡으로 독서하기, 전집 읽는 방법

남편이 아내의 생일 선물로 묵직한 큰 박스를 보내왔습니다. 배달 온 직원이 건네준 메모에는 하트 그림이 있었고 '여보 생일 축하해. 특별한 선물을 준비했어'라고 적혀 있었지요. 아내는 감동이 밀려왔습니다. 요즘 남편과의 관계가 소원했는데 깜짝 선물을 받아서 무척 기뻤습니다. 기대감에 부푼 아내는 조심스럽게 포장을 뜯었습니다. 박스를 열자 20권짜리 두꺼운 요리 대백과사전이 들어 있었습니다.

남편이 쓴 메모지가 한 장 더 들어 있었습니다. '여보, 당신 요즘 음식을 손으로 하는지 발로하는지 모르겠어. 당신을 위해 큰맘 먹고 이 책을 구입한 거니 맛있는 요리 부탁해. 사랑해.'

이럴 경우 아내의 마음이 어떨까요? 과연 선물을 사준 남편이 고맙고 사랑스러울까요? 마치 커다란 숙제를 떠안은 느낌일 것입니다. 아이들도 마찬가지입니다.

아이가 원해서 사준 전집이라면 상관없지만 엄마가 판단하고 아이 인생을 위해 전집으로 사준 백과사전이나 시리즈 책은 압도적인 분량만으로도 아이를 주눅 들게 만듭니다. 그럼에도 불구하고 대부분의 아이들은 착합니다. 부모를 실망시키지 않으려고 전집의 10% 정도를 읽지요. 아이가 부모를 사랑하기 때문입니다. 아이들은 부모가 세상의 전부입니다. 아무리 힘든 걸 요구해도 부모의 마음에 들기 위해 안간힘을 씁니다. 그런데 부모는 10%를 읽은 아이의 사랑과 노력을 칭찬하는 것이 아니라 읽지 않은 90%를 가지고 아이를 나무라곤 하지요.

전집을 사기 전에는 반드시 아이의 의향을 물어보세요. 원하는 책인지. 엄마가 반찬값 아껴서 모았더라도 책만큼은 아이가 원하는 것을 구입해주세요. 책은 많은 편이 좋지만 그것이 부담이 되면 읽기 싫어집니다.

아이에게 1년에 천 권씩 책을 사주는 부모를 본 적이 있습니다. 예전에 부잣집 주유소 아이들을 가르치기 위해 방문수업을 할 때의 일입니다. 두 아들을 키우고 있는 집인데 1년이 지나면 읽던 책을 치우고 새로운 천 권의 책이 들어왔지요. 하루에 3권씩 읽어야 겨우 읽을 수 있는 양입니다. 그 많은 책을 바라보는 아이들의 심정이 어떨까요? 책을 사주는 부모에게 과연 고마워할까요?

"너희들은 좋겠다. 엄마가 이렇게 많은 책을 사주셔서."

"엄마가 좋아서 사는 거지, 우린 안 봐요."

"왜?"

"저희가 사달라고 한 적도 없어요. 그냥 전시용으로 사는 것 같아요."

"엄마가 읽으라고 하지 않으시니?"

"읽으라고 하죠. 그래서 엄마 볼 때만 읽는 척해요."

돈을 아무리 쏟아부어도 아이가 부담을 느끼고 읽기 싫어하면 책과는 친구가 될 수 없습니다. 밑 빠진 독에 물 붓기죠.

책 구입 요령 3가지.

❶ 전집보다는 단행본 위주로 구입한다.

❷ 위인전처럼 전집을 고를 땐 아이 의견을 물어보고 구입한다.

❸ 읽을 책을 함께 의논하고 책 구입은 아이가 결정하게 한다.

TV를 보기 시작하면
책을 읽지 않을까요?

책을 읽기 위해서는 TV나 미디어 노출은 늦으면 늦을수록 좋습니다. 우리 아이들의 경우, 큰아이는 초등학교 졸업 전까지 드라마나 예능 프로그램에 최대한 노출되지 않게 했습니다. 반면에 둘째 아이는 초등 3학년 초부터 드라마와 예능 프로그램을 보게 했지요. 결론적으로 말하면 일찍부터 TV를 보기 시작한 둘째 아이가 미디어를 통한 간접경험을 많이 했습니다. 그래서인지 모르겠지만 형보다 창의력이나 배려심 부분에 더 후한 점수를 줄 수 있습니다.

하지만 드라마나 예능 프로그램에 즐거움을 느끼면 아무래도 책 읽는 시간이 줄어들 수밖에 없습니다. 그렇다 해도 절대로 보지 못하게 하는 것은 반대입니다. 친구들 사이에서 TV나 게임 이야기가 많이 나옵니다. 최근엔 액괴와 웹툰이 유행이죠. 친구들 관심사를 모르는 아이는 친구들 사이에서 소외될 수도 있습니다.

"아빠, 엄마는 드라마 안 보세요?"

"보고 싶긴 한데 자제하고 있어. 왜?"

"친구들 부모님은 대부분 드라마에 빠져 사신다고 해요. 친구들도 만나면 드라마 이야기를 많이 해요."

"넌 드라마 안 보는데 친구들 이야기에 못 끼어드니?"

"하하하, 제가 누구예요? 아빠 아들이잖아요. 인터넷 검색해서 내용은 다 알아요."

다행히 아이는 자신만의 생존 방식을 찾아낸 것입니다. 친구들이 드라마 얘기로 웃음꽃을 피울 때도 드라마를 보지 않는 부모에게 불평하거나 얘기하지 않고 나름의 해결 방법을 찾아낸 걸 보면 기특합니다.

책 읽을 때 계속 질문하는 아이

대한민국 부모들은 질문을 두려워합니다. 그래서 대한민국 아이들도 질문을 두려워합니다. 제 학창시절에는 선생님들의 질문이 공포였습니다. 대답하지 못하면 항상 몽둥이로 맞았으니까요. 강압적인 분위기에서 공부가 제대로 될 리 없죠. 예전보다 나아졌지만 아직도 아이에게 물어보면 선생님들은 질문하는 아이를 좋아하지 않는 것 같습니다. 예전부터 학교와 학원에서 주입식으로 행한 수업 덕분이죠. 저 역시 수업하는 입장에서 질문을 많이 하면 힘들다는 것을 인정합니다. 하지만 질문이 아이 삶에 얼마나 중요한 역할을 하는지 알기에 질문을 많이 할 수 있는 분위기를 만듭니다. 영어 공부방에서 아이들에게 화상영어 선생님께 질문 많이 하라고 권유하는 날과 그렇지 않은 날의 수업 분위기는 확연히 차이가 납니다.

"오늘은 각자 화상영어 선생님께 질문 2개 이상 하기."

이렇게 말하면 아이들은 말이 떨어지기 무섭게 질문을 던지기 시작합니다. 질문할 내용은 영어로 화이트보드에 적어둡니다.

"선생님, 남자 친구가 있어요?"

"필리핀은 지금 몇 시예요?"

"지금 그곳의 날씨는 어때요?"

질문을 독려한 날은 확실히 수업에 활기가 넘칩니다. 질문을 받으면서 대답할 영어 문장을 찾느라 쩔쩔매던 아이도 자신이 던진 질문에 영어 선생님이 열심히 대답하면 쾌감을 느낍니다. 자신이 질문해서 들은 대답은 아이의 머리에 쉽게 각인됩니다. 창의력에도 도움이 되지요. 전 대화의 70% 이상을 질문으로 하는 경우가 많습니다. 아이의 생각을 깨어 있게 하기 위한 것이죠.

책을 그냥 줄줄 읽어주면 독서의 효과가 적습니다. 질문은 호기심이 왕성하다는 증거입니다. 책을 읽어주는 걸 듣기만 하면 자칫 따분해집니다. 한쪽 귀로 듣고 다른 쪽 귀로 흘려버리기도 하지요. 유대인은 질문을 많이 하는 민족입니다. 질문으로 흥한 나라입니다. 한 줄을 읽어주더라도 아이가 궁금한 부분에서 충분한 대화를 나누는 것이 좋습니다. 질문을 하지 않는 아이에게는 오히려 질문을 유도하거나 책을 넘기기 전에 내용에 대한 얘기를 나누는 것이 좋습니다.

"다람쥐가 어떻게 날아?"

"날다람쥐라 이 나무에서 저 나무로 날 수 있어요."

"얼마나 멀리 날 수 있어?"

"여기서 저기까지 10미터 이상은 날아가요."

질문의 힘은 위대합니다. 아이와 대화 시에도 항상 질문을 많이 할 수 있도록 마음을 열어두세요. 질문이 아이의 삶을 바꿉니다.

★★★ 침대에 붙여 놓을 문장 ★★★
Good morning. Wake up. It's time to Wake up! What time? your late.
8 o'clock. It's 7:30 Let's wash your face. Did you sleep well?

★★★ 베란다 창문에 붙여 놓을 문장 ★★★
How's the weather today? It's a sunny day. It's a cloudy day. It's a rainy.
It's a snowy. It's a hot. It's a windy.

★★★ 화장실 문에 붙여 놓을 문장 ★★★
Are you done? Wash your face. Wash your hands.
Do you wanna pee? Do you wanna poo? You did it.
You did great job. Good job!

★★★ 욕실 안에 붙여 놓을 문장 ★★★
Let's wash your arm. Let's wash your face. Let's wash your feet.
Let's wash your hands. Let's wash your body. Let's wash your hair.
Let's wash your nee. Let's wash your shoulder. Are you interested?
It's interesting. Is it cold? It's cold. Let's go out. Are you ok? Are you all
right?

★★★ 옷장에 붙여 놓을 문장 ★★★
Put on your pants. Put on your socks. Put on your shirt.

★★★ 현관문에 붙여 놓을 문장 ★★★
Hurry up. Come out. It's time to go school.

★★★ 식탁에 붙여 놓을 문장 ★★★
Let's have breakfast. Is it yummy? Is it Yuck? It doesn't taste good.
It's yummy! Are you hungry? I'm hungry. Let's have a meal.
Please give me some water. It's time for school. Hurry up to school.
You're late for school.

2장

영어는
오감으로 배워야 한다
– 영어 비법

영어는 오감으로 배워야 한다

세계 언어학자들은 세계에서 가장 배우기 어려운 언어로 한국어를 꼽았습니다. 반대로 영어는 세계에서 가장 배우기 쉬운 언어라고 말합니다. 보편적으로 대한민국 아이들은 어떤 나라 아이들보다 영특합니다. 그런데 왜 유독 영어만 만나면 주눅이 들까요? 내 아이가 문제일까요?

저는 그 이유를 아이를 제외한 모두에게서 찾았습니다. 학원과 학교에서는 읽기 10%, 듣기 20%, 보기 30%의 학습 효과 위주의 수업이 진행됩니다. 하지만 제가 찾은 바에 따르면, 효과적으로 언어를 배우기 위해서는 보면서 듣기 50%, 보면서 말하기 70%, 말하면서 행동하기 90%가 필요하다고 합니다. 그렇기 때문에 영어를 잘하게 하려면 말하면서 행동하는 영어가 들어가야 합니다. 아이들이 모국어를 빨리 배우는 이유는 부모의 행동과 말하기에 동시 노출되기 때문입니다. 대한민국 부모는 영어로 말하면서 행동하는 것이 어렵기 때문에 아이들이 영어를 따로 배워야 하죠.

영어는 오감으로 익혀야 하는 언어입니다. 그러니 영어 학원에서 영어 교재로 공부하면 영어는 절대 마스터할 수가 없는 거죠. 영어는 무엇보다 동기부여가 되어야 합니다. 아이가 '영어는 쉽다'는 생각을 먼저 갖는 게 중요합니다. 외국인을 만나도 주눅 들지 않고 얘기할 수 있어야 제대로 된 영어 아닐까요? 학원이나 학교가 이걸 가능하게 만들어주면 좋겠지만 모두 아시다시피 그런 학원이나 학교는 지금 생애에서는 만나지 못할 것 같습니다.

내 아이를 둘러싸고 있는 영어 습득 기회, 즉 영어에 노출될 수 있는 환경은 크게 3가지예요. 부모의 생활 영어, 학교 영어 교사, 영어 학원 시스템이죠. 이 3가지 시스템이 제대로 작동해야 내 아이 영어가 됩니다. 아이가 영어를 제대로 말하게 되기까지는 3천에서 4천 시간의 노출이 필요해요. 하지만 초중고등학교를 통틀어 공교육은 980시간 수업을 하죠. 더군다나 영어 문법 위주의 수업은 영어를 싫어하게 만드는 최상의 궁합이죠. 주에 두 번, 한두 시간 정도 수업. 하루에 영어 한마디 대화조차 어려워하는 부모님. 영어는 점점 외계어가 되어 갑니다.

2장에서는 대한민국 부모가 가진 영어에 대한 궁금증을 해소하는 데 초점을 맞추고자 해요. 3000회가 넘는 강연에서 받았던 질문 중에 가장 빈도 높았던 질문에 대한 답을 실었습니다. 우리 부모님들이 지금까지 궁금했던 질문에 대한 답을 찾을 수 있기를 바랍니다.

영어의 시작점

어떤 언어든 한 살이라도 어릴 때 빨리 시작하는 게 좋죠. 영어도 예외일 수 없고요. 현재 아이가 영유아인 경우라면 부모가 간단한 영어 'Hi', 'Hello'로 말을 걸어줘야 합니다. 영어로 말을 건네는 동시에 행동도 겸해서요. 아이가 중학생이나 고등학생이면 어색할 수 있지만 이걸 극복해 내야만 영어가 자신의 또 다른 언어가 될 수 있어요.

아침에 일어나 가볍게 굿모닝 인사를 하며 아이를 꼭 안아주세요. 스킨십을 하면서 들으면 영어를 온몸으로 받아들이게 됩니다. 저는 두 아이모두 초등 3학년이 될 때까지 매일 영어로 인사를 했어요. 영어는 영어학원 잠깐 가서 공부하는 게 아니라 사랑스런 언어라는 것을 알게 됐죠.

"Good morning, 재혁."

"Great morning, My sun."

"It's time to wake up."

"I love you, 재혁."

이렇게 영어를 들으며 아침을 맞이하는 아이와 그렇지 않은 아이는 영어에 있어서 만큼은 커다란 차이를 보여요. 물론 '엄마의 엉터리 영어 발음을 아이가 따라할까봐 두려워요', '오글거려서 그걸 어떻게 하나요!', '어떤 영어를 해야 하는지 모르겠어요', '문법적으로 틀린 문장이면 어쩌죠?'라는 다양한 이유로 생활 영어 사용이 망설여지기도 합니다. 하지만 부모가 먼저 기피한다면 아이 영어는 힘들어집니다.

중학교, 고등학교를 가도 영어는 독해가 전부인 줄 알고 자라게 돼요. 아시다시피 영어를 잘한다는 건 실제 외국인과의 의사소통 능력이 우선돼야 하잖아요.

간단하게라도 영어를 사용해보세요. 가령 서로 시간을 묻는 일은 많으니까, "What time?"은 하루에도 3번 이상은 사용하세요. 물건도 자주 구입하니 가격을 물을 때는 "How much is it?"을 사용하세요. 아이가 들을 수 있게 혼잣말이라도요.

대부분의 아이는 아침에 시간을 묻습니다. 시간 표현은 너무 간단해요. 시를 말하고 분을 말하면 되니까 영어를 모르는 부모라도 답할 수 있어요. 8시 정각이면 8 o'clock, 8시 10분이면 eight, ten이라고 말해보는 거예요. 더불어 준비해야 할 것도 있습니다.

　아이를 깨우기 전, 온라인 영어 도서관에 접속해 영어책을 틀어주세요. 아이가 문 밖으로 나가기 전까지 영어를 들으면서 등교 준비를 할 수 있는 분위기를 만들어주는 겁니다. 부모와 대화를 할 때도 영어에 끊임없이 노출돼야 영어가 아이 몸 속으로 들어갑니다.

　또한 생활에서 사용할 수 있는 영어 문장과 그림을 침대, 베란다 창문, 화장실 문, 현관문, 부엌 곳곳에 붙여놓고 상황에 맞게 읽고 아이에게 말하세요. 시간이 지나면 어느새 그 문장을 보지 않고도 말할 수 있어요. 영어는 공부가 아니고 습관입니다.

알파벳을 모르는데
영어책이 도움이 될까요?

알파벳 익히면서 영어책 읽는 방법 5가지.

❶ 어제 오늘 내일(예투투)을 매일 읽고 씁니다.

❷ 타자 연습 프로그램으로 영타 기본자리 6단계를 연습하면서 알파벳을 읽어줍

니다.

❸ 온라인 영어 도서관에서 쉬운 그림 영어책을 반복해서 읽습니다.

❹ 구글 또는 유튜브에서 알파벳 송을 검색해 익힐 때까지 자주 부릅니다.

❺ 회화 솔루션으로 스피킹을 연습하면서 영어 문장을 익힙니다.

현명한 부모님은 갓 태어난 아이라도 책을 읽어줍니다. 영어도 똑같은
이치예요. 단지 한국어는 생활에서 사용하고 있기 때문에 한글책을 읽어
주어도 상관없습니다. 영어책은 모국어인 한국어가 어느 정도 완성되었
을 무렵인 초등학교 1학년에 시작하면 됩니다. 생활 영어가 되지 않는 부

모님은 영어책을 읽어주기가 부담스럽습니다. 영어책을 읽다가 영어로 설명해줄 수 없으니까요.

한글책은 자음, 모음을 몰라도, 글자를 알고 모르는 것 상관없이 책을 읽어주잖아요. 영어도 마찬가지입니다. 알파벳을 모르는 아이나 대소문자 구분을 못하는 아이는 영어를 놀이로 넣어주는 것이 좋습니다.

서울시청 홈페이지에서 언어를 영어로 변경한 후 seoul 단어 찾기 놀이를 합니다. 단어 찾기 놀이로 영어에 친숙해지는 작업을 하는 거죠.

컴퓨터 한컴 타자연습 프로그램에서 기본 자리 연습을 선택한 후 자판 연습을 하세요. 타이핑해야 할 알파벳이 나오면 부모가 그 알파벳을 말해주세요.

(A)가 나오면 '에이'라고 말해주고 (C)가 나오면 '씨'라고 말해주세요. 아이가 하지 않으려고 하면 부모가 본보기로 키보드를 두드리며 흥미를 끌어주세요. 그러고는 큰소리로 알파벳을 말하는 거예요. 분명 얼마 지나지 않아 아이는 이렇게 말할 거예요.

"엄마, 제가 해볼게요."

영타 연습하는 프로그램이 없다고요? 한글과 컴퓨터 홈페이지에 접속하세요. 메인 페이지 아래로 가면 영타 연습 프로그램을 다운받거나 온라인에서 직접 연습할 수 있게 제공합니다.

다음으로는 알파벳과 관련된 노래를 찾아 부르는 방법이 있어요. 노래로 익히는 알파벳과 파닉스는 음감도 좋아지게 할 뿐 아니라 정서를 안정시키면서도 영어를 친숙하게 만들어줍니다. 구글에서 'phonics songs'을 쳐보세요. 아이와 함께 부를 수 있는 노래가 가득합니다.

또 하나는 어제, 오늘, 내일에 해당하는 문장을 화이트보드에 매일 기록하는 모습을 보여주는 놀이예요. 제 경험으로 미뤄보면 이것만큼 살아 있는 영어도 없더군요.

Yesterday was Wednesday, October 30th, 2019.

Today is Thursday, November 1st, 2019. Tomorrow will be Friday, November 2nd, 2019.

두 아이 모두 7세부터 초등학교 3학년이 될 때까지 위 세 문장을 씹어 먹었습니다. 4년을 매일 같이 적으면서 읽었어요. 화이트보드를 거실에 걸어두고 작성했죠. 아이는 2.4미터 화이트보드에 낙서도 하고 그림도 그립니다. 주말에도 빼놓지 않고 예투투를 쓰게 했어요. 물론 저도 함께요. 알파벳을 몰라도 부모가 먼저 매일 기록하면서 읽어주면 아이는 놀라운 속도로 알파벳을 깨우칠 수 있답니다. 기수 서수를 따로 가르칠 이유가 없어요. 예투투 쓰는 습관을 완성하면 됩니다. 저절로 영어의 원리를 깨치고 자신감도 붙습니다.

아래 샘플만 있으면 아이는 매일 예투투를 혼자 쓸 수 있어요.

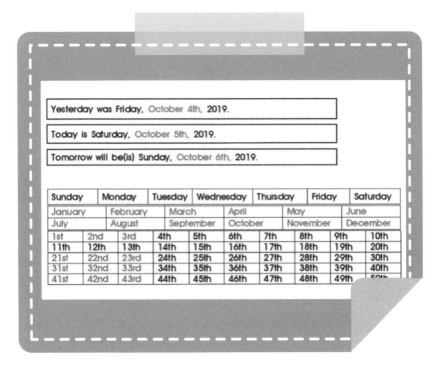

Yesterday was Friday, October 4th, 2019.

Today is Saturday, October 5th, 2019.

Tomorrow will be(is) Sunday, October 6th, 2019.

Sunday	Monday	Tuesday	Wednesday	Thursday	Friday	Saturday
January	February	March	April	May	June	
July	August	September	October	November	December	

1st	2nd	3rd	4th	5th	6th	7th	8th	9th	10th
11th	12th	13th	14th	15th	16th	17th	18th	19th	20th
21st	22nd	23rd	24th	25th	26th	27th	28th	29th	30th
31st	32nd	33rd	34th	35th	36th	37th	38th	39th	40th
41st	42nd	43rd	44th	45th	46th	47th	48th	49th	50th

파닉스가 되지 않는데
영어 공부를 할 수 있을까요?

　둘째 아이가 대치동 학원을 적극적으로 이용하고 싶다고 해서 대전에서 대치동으로 이사를 했습니다. 그러면서 대전 영어 공부방을 정리하고 대치동 도곡초등학교 근처에 영어 학원을 오픈했습니다.

　'대치동 아이들은 영유 나와서 모두 영어를 잘하겠지'라는 기대를 안고 올라왔습니다. 하지만 오픈하고 얼마 지나지 않아 초등 1학년과 2학년 두 명의 아이가 알파벳을 모른다고 제가 운영하는 학원에 들어왔습니다. 각각 3개월, 1년을 타 영어 학원에 다녔는데 아직까지 알파벳을 몰랐습니다. 이유를 물어보니 이 영어 학원에서는 파닉스만 1년 가까이 공부한다고 합니다. 그럼에도 불구하고 알파벳이며 영어 단어도 몇 개 읽지 못했습니다. 제가 맡은 지 1개월 만에 알파벳을 깨쳤습니다. 3개월이 되면서 쉬운 영어책을 하루에 수십 권씩 읽게 되었습니다.

저는 파닉스를 딱히 중요하게 여기지 않았어요. 왜냐하면 파닉스는 온라인 영어 도서관에서 책을 읽거나 예투투, 영타 프로그램, 영어 사전 만들기를 통해 자연스럽게 단어를 익히도록 했거든요. 파닉스는 대학교나 언어를 연구 목적으로 파고드는 언어학자들에게 필요합니다. 이런 연구 목적이 아닌 초등 저학년에게는 파닉스 공부가 필요하지 않습니다. 어려운 파닉스 설명은 아이의 머릿속에 남지 않습니다.

영어는 공부가 아니에요. 영어는 언어라고 생각해야 합니다. 저는 아이들에게 영어 공부하라는 말대신 독서 타임을 가졌습니다.

"지금은 영어책 읽는 시간이야. 앞으로 30분 동안 아빠는 책을 읽을 거야. 조금만 도와줘."

"지금 회화 솔루션으로 스피킹 연습한다. 잡음 들어가면 진행이 어려우니 조금만 조용히 해줘."

파닉스를 알든 모르든 원어민이 읽어주는 영어 도서관을 이용할 수 있습니다. 회화 솔루션으로 원어민 발음을 들으며 스피킹 연습을 할 수 있습니다. 부모가 영어책을 읽고 스피킹 연습하는 모습을 보여주면 금상첨화입니다. 더불어 부모가 먼저 하는 것이라 자신도 당연히 해야 하는 운명(?)처럼 느끼게 됩니다. 이런 생각을 평소에 심어주며 영어를 마스터하게 하고 다른 언어로 쉽게 넘어갈 수 있다는 생각의 발판을 마련해줘야 합니다.

영어가 공부가 아닌 언어가 되게 하려면 가정에서 할 수 있는 걸 찾아야 해요. 생활 영어, 스토리 영어책 읽기, 영어회화 솔루션, 영어일기 필사, 영어책 만들기, 자막 없이 영화 보기, 화상영어 같은 것이죠. 파닉스를 몰라도 이런 과정을 진행하면 영어가 됩니다. 이해하지도 못하는 것부터 무작정 가르치는 건 시간 낭비라고 생각합니다.

효과적으로 파닉스 공부하기

파닉스는 발음 중심의 어학 교수법입니다. 만약 파닉스를 익히기 위해 3개월을 잡고 있다면, 차라리 그 시간에 이북으로 된 영어책을 수백 권 읽는 게 훨씬 훌륭한 성과를 볼 수 있어요. 안타까운 건 그럼에도 불구하고 대한민국 부모들은 파닉스를 너무 중요하게 생각하는 거 같아요. 학원에서 파닉스 과정을 개설했기에 부모는 당연한 건 줄 알고 있어요. 그래서 저는 현재 제가 운영하고 있는 맘스영어 독서클럽에서 파닉스를 쉽게 배우고, 사고력과 창의력을 발달시키면서 중고등학교 교과와 연관되는 수업을 고안했어요. 몇 가지만 소개해볼게요.

첫째는 영어 이름 만들기입니다. 영어는 아이가 익숙한 것부터 시작해야 하니까요. 영어 이름을 짓지 않았다면 우선 영어 이름을 지어주세요. 네이버 검색창에 '남자 영어 이름'과 '여자 영어 이름'을 치면 50개에서

100개 가량의 영어 이름이 뜻과 함께 제공되는 글을 찾을 수 있어요. 가령 이런 식이죠.

1. Noah(노아) - 위로, 휴식
2. Liam(리암) - 강한, 의지가 강한 전사
3. James(제임스) - 위임자, 수행원

둘째는 서울, 부산, 인천, 대구, 대전 등 지역 영문 홈페이지의 활용입니다. 살고 있는 도시가 서울이면 서울시청 홈페이지에 접속하는 거죠. 그리고 영문으로 소개된 홈페이지를 클릭합니다. 저학년일 경우 홈페이지에서 'seoul'이라는 단어 찾기를 합니다. 집에 빔프로젝터와 화이트보드가 설치돼 있다면 보드마카로 seoul을 써주세요. 그렇지 않으면 컴퓨터 화면을 보고 seoul을 찾도록 하는 거예요.

"seoul이라는 단어가 몇 개 있는지 세어볼래? 아빠는 12개인 거 같아."
"전 13개요."
"그래? 다시 한 번 세어볼까?"
이때 가끔은 부모는 틀리고 아이가 맞도록 유도합니다. 아이가 잘해야 흥미를 계속 유지할 수 있으니까요. seoul이라는 단어가 나온 만큼 영어로 숫자를 세면 아이는 자연스럽게 기수와 서수의 차이점을 알게 됩니다. 같은 방법으로 수백 개의 시, 구 홈페이지를 방문해서 놀이하듯 공부했어요.

셋째, 대한민국의 수많은 직업을 찾아봤어요. 이런 개념을 가르칠 때 질문으로 관심을 유도했죠.

"우리나라엔 직업이 몇 개나 될까?"

"한 100개쯤 되지 않을까요?"

"더 많아."

"네? 진짜요? 1000개보다 많아요?"

"그래. 약 10배 더 많아."

"만 개요?"

"그것보다도 1000개 더 많아."

파워포인트를 실행시키고 커다랗게 [JOB]이라고 입력한 뒤 아이와 저는 인터넷으로 직업을 찾으면서 화이트보드에 써 내려갔습니다. 이런 방식으로 직업에 대한 이해도 높이고 흥미를 불러 넣으면 영어를 쉽게 인식하는 계기가 됩니다.

넷째, 매달 달력을 영어로 만듭니다. 처음엔 1st, 2nd, 3rd, 4th만으로 가볍게 접근합니다. 익숙해지면 아래 그림처럼 모두 채우면 됩니다.

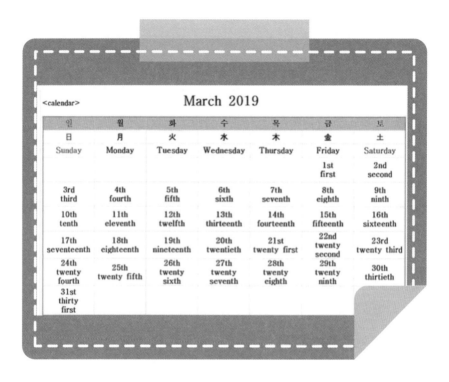

다섯째, 워드 체인을 진행합니다. 일명 영단어로 끝말잇기입니다. 워드 체인을 통해 음식, 동물, 식물, 나라, 수도, 직업, 회사명, 과목, 대학, 컬러, 동사, 형용사, 명사, 전치사, 감탄사, 부사 등을 영어로 접합니다.

영어유치원에 보내도 될까요?

제 의견을 물으시면 완고하게 보내지 말라고 말씀드립니다. 의사들이 하는 우스갯소리가 있더군요. 영어유치원 5개가 생길 때마다 유아 정신 병원 하나가 생긴다고요. 저는 이 말이 그저 농담이기를 바랐어요. 하지만 소문은 현실을 반영하고 있었어요. 그동안 영어 공부방과 영어 학원을 운영하면서 4년 동안 학부모 상담을 수백 번 넘게 진행하며, 영유 출신 아이들과 수업하면서 경험했습니다. 영유 나온 아이 10명 중 2명 정도만 효과가 있습니다. 그중 몇몇 아이는 영어만 잘합니다. 한국어는 다른 평범한 아이들에 비해 구사 능력이 떨어집니다. 한국어가 부족하니 친구나 한국인 어른과의 대화에서 자신감 결여로 나타납니다. 실제로 영어유치원에 다닌 아이들 중에는 초등학생이 되고 나서 영어에 심한 거부감을 보이는 경우가 많았습니다.

언젠가 초등학교 2학년 여자아이가 엄마와 함께 교육 상담을 받은 적이 있어요. 상담을 받는 동안 아이는 엄마 뒤에 숨어 있더군요. 월요일부터 영어 학원에 다니기로 하고 돌아갔죠. 그런데 수업 첫날 아이가 영어 학원 문 안으로 들어오지 않는 거예요. 엄마는 할 수 없이 내일 다시 오겠다고 말하며 데리고 갔습니다. 다음 날 아이는 엄마와 단단히 약속하고 온 듯했어요. 하지만 아이의 얼굴에는 초조함과 불안이 가득했습니다.

"여기서 공부하면 굉장히 재미있어."

또래 학원 친구 몇몇이 걱정되어 말을 건넸지만, 아이는 수업 내내 엎드려 있었습니다. 이런저런 말로 달래며 수업에 참여시키려 했지만 소용없었어요. 수업이 끝난 뒤 아이 엄마와 이야기를 나눠보니 엄마는 모두 자신의 잘못 때문이라고 했어요.

"주위에서 영어유치원을 보내길래 저도 무리해서 보냈어요. 처음 며칠은 재미있다고 했는데 점점 가기 싫어하는 거예요. 무슨 말인지 하나도 못 알아듣겠다고요. 그래도 제 생각에는 조금 다니면 익숙해지겠지 싶어서 아이를 강제로 밀어 넣었디니 한 달쯤 지나서부터는 울면서 다니는 상태가 됐어요. 그래도 포기가 안 돼 6개월을 그렇게 강제로 다니게 했습니다. 결국 아이가 이상 행동을 보이기 시작했고 그래서 그만뒀어요. 모두 제 잘못이에요. 비싼 돈 들여 아이를 저 지경으로 만들었어요."

엄마는 울먹이며 영어유치원에 보냈던 지난날을 후회했습니다. 영어유치원을 다닌다고 모두 이런 현상을 보이지는 않겠죠. 하지만 내 아이가 이런 전철을 밟을 수도 있다는 사실은 꼭 알아야 할 것 같습니다.

제 두 아이는 모두 초등학교에서 운영하는 병설 유치원에 다녔습니다. 이 시기는 영어보다 모국어가 더 중요하죠. 일반 유치원에서 다양한 활동을 하며 자신을 표현하는 방법을 경험해야 하는 시기니까요. 영어유치원 입장에서는 비싼 돈을 받았기 때문에 영어 단어라도 아이에게 쑤셔 넣는 작업을 할 게 뻔합니다. 물론 어린 나이에 영어를 듣다 보니 발음은 좋아지겠죠. 거기까지입니다. 얻는 것보다 잃는 것이 더 많습니다.

일반 유치원에 다니면 영어유치원에 다니는 아이보다 영어 단어를 조금 모를 수 있지만, 한국어 책 많이 읽고 모국어와 관련된 경험을 훨씬 많이 할 수 있습니다. 제 두 아이 모두 영어유치원 나온 아이보다 영어가 뒤처지다 고학년에 영어 실력이 껑충 뛰어올랐어요. 한국어를 잘해야 영어도 잘할 수 있다는 믿음을 가지세요. 그래야 부모도, 아이도 흔들리지 않습니다.

혼자서 영어책 읽는 아이로 만드는 방법

미국과 영국 아이들도 전세계 영어로 번역된 책의 50%를 읽지 못합니다. 내 아이가 영어책을 읽을 줄 아는 게 아닐 수 있습니다. 모국어인 한국어 책도 읽지 않는 경우가 많습니다. 성취감을 느껴보지 못한 뇌는 어려운 걸 하기 싫어합니다. 저희 집 아이들은 초등학생이 되면서부터 영어책을 읽었습니다. 큰아이는 온라인 영어 도서관과 종이 영어책을 반반 활용했고 둘째 아이는 온라인 영어 도서관만을 고집했습니다. 종이 영어책은 손가락으로 짚어가며 읽거나 번갈아가며 읽기를 반복했죠. 모르는 발음은 네이버 영어사전과 파파고를 이용했습니다. 종이 영어책을 읽는 데 어려움이 있는 아이는 부모에게 읽어달라고 하는 경우가 많습니다.

초등학교에 입학한 아이라면 스스로 영어책 읽는 걸 유도하는 게 좋습니다. 종이 책의 경우 읽다가 모르는 단어가 나오면 네이버 영어사전과 파파고에서 원어민 발음으로 듣는 방법을 알려주면 됩니다. 어른들과 달리 아이들은 이걸 이용할 줄 모르는 경우가 많았습니다.

스마트 폰을 이용할 수도 있어요. 파닉스가 완벽한 사람도 영어로 출간된 책을 50%밖에 읽지 못하는 이유는 자신이 종사하는 분야의 단어 위주로 알기 때문입니다. 건축이나 의학 용어가 일반인들에게 생소한 것처럼 말이죠.

읽을 줄 알면서도 부모에게 읽어달라고 조르는 다른 이유는 재미없고 힘든 영어책 읽기를 부모와 시간을 함께하고 싶어서입니다. 부모와 함께 있고 싶어하는 건 당연지사죠. 엄마의 따뜻한 음성을 듣고 싶은 겁니다. 한국어를 배웠던 그 따뜻한 목소리가 그리운 거예요. 책을 읽어달라고 하는 아이는 얼마나 사랑스럽습니까? 읽어주려고 해도 도망치는 아이들이 훨씬 많은 게 현실이니까요.

아이가 '공부할게요'라고 말할 때 아이에게 참 고마움을 느끼죠. '지금 책 좀 읽을게요' 하면 너무 고맙습니다. 가만 생각해보세요. 아이가 책을 읽어달라고 할 때가 세상 고마운 겁니다. 아이가 조금만 성장해도 책 좀 읽어달라는 요청은 더 이상 하지 않아요. 지나고 보면 그때가 가장 그립습니다. 그러니 귀찮다 여기지 말고 읽어주세요. 추억 쌓을 시간은 금방 지나갑니다.

영어일기는 어떻게 시작하죠?

영어일기를 잘 쓰려면 다양한 표현을 알고 있어야 합니다. 그러기 위해서는 무엇보다 다독이 우선이죠. 그리고 영어일기 표현을 연습해야 합니다. 제가 도서관 10여 곳과 교보문고, 동네 큰 서점을 다니면서 아이에게 필요한 영어일기 책을 찾았습니다. 목록을 공유할게요.

❶ 『내가 쓰고 싶은 말이 다 있는 영어일기 표현사전』

❷ (초등학생들이 쓰고 싶은 일기, 독서록 표현 모두 담은) 『엄마표 영어일기 영어 독후감 표현사전』

❸ (어떤 생각이라도 자신 있게 쓸 수 있는) 『초등 영어일기 표현사전』

❹ 『따라 써 봐! 영어일기』

❺ 『영어야 돌아와 일기가 기다려』

❻ 『10살, 내 아이 생애 첫 영어일기장』

저는 아이에게 영어일기 책을 한 권씩 필사하도록 숙제를 냈어요. 한국이나 세계적으로 유명한 작가들이 글을 잘 쓰는 이유 중 하나도 이런 필사 과정 덕분이라죠. 필사를 하는 동안 아이는 자연스레 영어일기 표현을 익히게 돼요. 그다음 필사한 문장마다 큰소리로 세 번을 반복해 읽도록 시켰어요. 아이는 필사만으로는 지속적인 몰입이 안 되죠. 지루하게 받아들이니까요. 그래서 반드시 영어일기에 재미를 더해야 합니다. 저는 아이 앞에서 영어일기 책을 들고 외우는 척하는 방식을 썼어요.

"Today I was sick. My throat hurt. So, I didn't go to school. I missed my friends. I wanted to cry. I slept a lot."

"아빠, 저도 좀 보여주세요. 저도 외워볼래요."

이렇게 경쟁을 유도했더니 단 20분 만에 영어일기 하나의 스토리를 외우더군요. 외우지 않은 표현은 절대 자기 것이 아닙니다.

영어일기를 필사하다 아이에게 물었어요.

"'나는 슈퍼마켓에 갔다'를 영어로 표현할 수 있니?"

"I am go 슈퍼마켓인가요?"

"첫 번째부터 글자 수가 한 글자, 네 글자, 두 글자, 세 글자, 열한 글자야."

"처음에 I는 맞죠?

"그래. 다음 글자는 '갔다'라는 표현이니까. go는 간다잖아."

"아, went네요. 이제 알겠어요. 이 표현 저도 알아요. 필사한 적 있어요. I went to the supermarket. 이거 맞죠?"

영어일기 필사를 시작한 지 10개월쯤 지났을 때 아이는 영어 동화책을 쓰기에 도전할 정도로 영어 실력이 좋아졌습니다.

나중에는 아이에게 "영어일기 책을 출간해보면 어떨까?"라고 제안했습니다. 영어책을 읽거나 필사하는 것보다 더 효과적일 것 같았어요. 아이는 도전하겠다고 했고, 그래서 나온 책이 『10살, 내 아이 생애 첫 영어일기장』입니다. 아이가 번역을 맡아 고생 끝에 영어일기 책이 세상에 나오게 되었어요.

초등학교 3학년인데
영문법을 시작해도 될까요?

두 아이 영문법 티칭 순서.

❶ 생활 영어를 초등 3학년까지 사용한다.

❷ 스토리 영어책을 초등 졸업까지 다독한다.

❸ 저학년 때 호두잉글리시로, 중학년부터 토크리시 4000문장 스피킹 연습을 한다.

❹ 외국 영화를 반복해서 시청한다. 400편 시청.

❺ 영어일기 책 5권을 구입해 필사를 한다.

❻ 초등 2학년부터 6학년까지 원어민 화상영어 수업을 한다.

❼ 초등 고학년 또는 중학교 때 영문법 인강을 들으며 10번 이상 반복 공부한다.

큰아이가 고등학교 1학년 때 영어 문법 학원에 등록했다가 2번 수업 받고 어려워서 못하겠다고 가지 않았습니다. 큰아이는 영어 문법을 공부하지 않은 셈입니다. 그럼에도 불구하고 수능 모의고사 영어 시험에서 1등급을 놓친 적이 단 한 번도 없습니다.

영문법은 무척 중요합니다. 그렇다고 해도 초등학교 3학년이 시작할 단계는 아닙니다. 학교 시험에서 몇 문제 맞추는 것 외에 딱히 필요치 않습니다. 또한 스토리 영어책 읽기와 스피킹 연습을 하고 있다면 이미 문법을 공부하고 있는 셈이고요. 문법 공부는 어렵고 머리에 잘 입력되지도 않습니다. 문법 공부를 일찍 시작하면 영어를 어렵게 느끼고 뇌가 점점 주눅이 들어요. 그렇기 때문에 스토리 영어책을 다독하면서 외국 영화를 자막 없이 보고, 스피킹 연습을 한 다음 필요하면 시작하는 게 좋습니다. 만약 아이가 현재 초등학교 3학년이라도 위의 조건을 충족했다면 영어 문법을 시작해도 상관없습니다.

아이의 인지 발달보다 한참을 앞서 공부하는 건 뇌에 부담을 백배 증가시킵니다. 무엇보다 영어를 싫어하게 만드는 요인이 됩니다. 대부분의 부모가 다른 아이들보다 영문법을 더 빨리 알게 하려고 점점 더 이른 나이에 영문법을 가르치는 현실이 안타까워요. 이제 겨우 말을 배우는 세 살 아이에게 고등학교 교재로 국문법 수업을 하는 것과 같습니다. 아이가 수업을 이해할 리 없겠죠. 여러 번 반복하다 보면 될 거라는 생각에서 벗어나세요.

둘째 아이가 초등 5학년 때 영어 문법을 공부하고 싶다고 요청했습니다. 둘째 아이는 4년간 원어민 화상영어 수업을 진행하며, 8500권의 스토리 영어책을 읽었고, 영어 자막 없이 영화 시청이 가능한 수준이었습니다. 그래서 허락했습니다. 영어 학원에서 배운 내용을 복습할 수 있도록 EBS 인강도 구매해주었습니다. 복습하지 않으면 머리에 남아 있지 않기 때문입니다.

미국과 영국 아이들은 중학교 입학 후 문법 공부를 시작합니다. 미국과 영국 아이는 모국어인 영어를 사용하고 있습니다. 그러니 어려운 문법으로 들어가도 괜찮습니다. 아이 학년에 상관없이 프리토킹이 가능하느냐로 판단하세요. 스토리 영어책 읽는 데도 전혀 부담 없는 아이라면 영어 문법을 시작하세요. 그렇지 않고 시작했을 때는 영어를 더 어렵고 하기 싫은 언어로 각인시켜주는 결과만 있을 뿐입니다.

영어가
왜 이렇게 어려울까요?

너무나 당연하지만 모국어가 아니기에 어렵습니다. 대한민국과 완전히 다른 언어입니다. 어릴 적 영어가 노출되지 않았기 때문입니다. 일정 나이가 되면 언어 감각기가 닫혀서 그렇습니다. 준비가 안 된 상태에서 문법 공부와 토익, 토플 공부를 하기 때문입니다. 대한민국은 영어권 나라가 아닙니다. 내 부모가 영어를 사용하지 않습니다. 내가 살고 있는 동네 어른들과 친척들이 영어를 사용하지도 않습니다. 대한민국을 미국이나 영국 근처에 가져다 놓을 수도 없습니다. 세탁소 아저씨나 마트 아주머니, 친척들이 영어를 사용할 때까지 기다릴 수도 없습니다.

죽었다 깨어나도 이 환경은 바뀌지 않습니다. 하지만 바꿀 수 있는 게 딱 하나 있습니다. 부모인 내가 바뀌면 해결됩니다. 부모가 영어를 쉽다고 생각하면 엉켜 있는 실타래가 풀리듯 해결의 실마리가 보입니다. 영어학원에 오는 아이들을 통해 알게 된 사실이 있습니다. 영어를 못하는 대부분의 아이들이 지닌 공통점은 부모가 영어를 싫어하거나 어렵다고 생각합니다. 아빠가 미국인인데도 두 자녀가 영어를 전혀 못하는 집도 보았습니다. 이유를 물어보니 아빠가 아기 때부터 전혀 놀아준 적이 없다고 했습니다. 아이가 태어나서 초등학교 고학년이 될 때까지요. 무늬만 부부였답니다.

영어에 대한 부모의 관점이 왜 아이 공부에 중요할까요? 그 대답은 명확하고 분명합니다. 아이는 언제나 닮고 싶은 게 부모이기 때문이에요. 부모가 영어를 어렵다고 생각하고 영어를 못한다고 생각하면 아이는 너무나 영특해서 고스란히 부모의 생각을 가져갑니다. 그러고는 마음속에 '영어는 어려운 거야'를 새겨버리는 거예요.

통계에 따르면 생후 10개월 된 아이는 주 양육자의 생각을 90% 파악한다고 하네요. 부모가 자신을 사랑하고 있는지, 영어를 좋아하는지, 영어를 공부로 생각하고 있는지, 영어를 언어로 즐겁게 배워야 하는지를 느낌으로 알아차립니다.

영어를 어렵게 생각하는 대한민국 사람들의 인식을 바꿀 수는 없습니다. 하지만 내 아이만큼은 누구보다 영어를 잘했으면 하는 부모라면 아이가 내 생각을 고스란히 물려받는다는 사실을 잊지 않아야 합니다. 내 아이가 가지고 있는 생각은 바이러스처럼 내 아이의 친구에게도 전달됩니다. 그 친구는 또 다른 친구에게 영어는 쉽다는 메시지를 전파합니다. 이런 친구가 많이 생기면 대한민국도 언젠가는 영어가 쉬운 나라가 될 겁니다.

어려운 영어 문장을 듣고 스피킹하는 수업을 하고 있었습니다. 긴 문장을 들은 아이는 1초도 생각하지 않고 말합니다.

"선생님, 이 영어 문장은 너무 어려워요. 포기할래요."

"어려운 것이 아니라 이 문장을 네가 처음 접하기 때문이야. 반복해서 들으면서 한 단어씩 말해봐. 반복해서 익히지 않았기 때문에 어려운 거야."

어렵고 긴 영어 문장을 자기 것으로 만들기 위해서는 77번을 들으면서 스피킹해야 합니다. 이 비밀을 알고 실천하는 사람은 영어를 잘하게 됩니다.

집에서 영어 CD만 2년째 듣는데
영어가 늘지 않아요

영어 CD만 2년째 듣고 있었다면 학습 효과가 10% 이하인 학습법으로 공부를 시킨 셈입니다. 반대로 영어 CD를 듣고 또래와 서로 말로 설명해 본 아이는 80% 이상의 학습 효과를 누립니다. 전자의 아이가 8년 공부한 것이 후자의 아이가 1년 공부한 효과와 같다는 결론이 나옵니다.

학습 효과를 높이는 방법 중 하나는 영어책 만들기입니다. 종이 책이나 온라인 영어책을 펼쳐두고 파워포인트를 이용해 똑같이 만들어 인쇄하거나 아이가 만든 블로그에 업로드합니다. 책 속에 넣을 그림은 '구글'이나 '야후' 같은 외국 검색 사이트를 이용하시면 돼요. 주의할 점은 영어로 검색해서 찾아야 한다는 것입니다.

텍스트와 그림을 모두 만들어 넣었다면 마지막으로 반디캠을 이용해 책 읽는 영상을 촬영합니다. 녹화된 영상은 자신의 블로그에 올려 언제든지 볼 수 있도록 합니다. 단순하게 영어 CD를 듣거나 책을 읽는 데 그치지 않고 직접 만들어보아야 합니다.

주위에서 책을 한 번 읽고 내다 파는 경우를 종종 봅니다. 두고두고 필요한 구절이나 문장을 가슴에 새기면서 생활에 활용해야 하는데, 한 번 읽은 책은 그 지식을 알고 있다고 착각하는 거예요. 제 생각에는 적당히 선별된 책 중 일부를 아이가 컸다고 버리거나 팔지 말고 대학교 입학 전까지 가지고 있는 게 좋습니다. 소장한 책이나 작업한 내용을 반복해보면서 노출시켜야 장기 기억으로 저장이 되니까요.

애니메이션을 볼 때도 될 수 있으면 자막 없이 시청하게 하는 게 좋습니다. 내용이 전혀 이해가 되지 않으면 한 번 정도 한글 자막으로 보게 하세요. 화상영어는 혼자 하는 것보다 최소 3명 이상 함께하면 지루해하지 않으면서 지속되는 힘이 생겨요. 저희 집 둘째 아이가 바로 그렇게 영어 공부방을 오픈해 그룹 수업을 했습니다. 나이는 더 어려도 둘째가 영어를 더 잘하고 즐거워하는 이유입니다. 옆집에 친구가 있다면 묶어서 화상수업을 받게 해보세요. 그 효과는 상상 이상일 겁니다.

어떤 영어 학원에 보내야 할까요?

아이의 영어를 학원에 맡길 수밖에 없는 맞벌이 부부라면 고민이 많을 겁니다. 그렇다고 묻지도 따지지도 않고 가까운 영어 학원에 보내면 학습 효과를 보장할 수 없죠. 5년이나 10년을 다녀도 외국인을 만나면 꿀 먹은 벙어리가 되죠. 따라서 영어 학원 선택은 질문한 것처럼 신중해야 해요.

먼저 영어 학원 강사의 극소수만이 영어를 전공했다는 사실을 알아야 해요. 또한 영어 전공을 했다고 영어를 잘 가르칠 거라는 생각은 하지 않는 것이 좋습니다. 외국에서 공부했다고 해도 필리핀이나 영어권 나라에 잠깐 체류하면서 경력을 위해 흔적만 남기는 교사가 많습니다. 이럴 경우 영어에 대한 코칭법을 알지 못하기 때문에 아이 영어는 늘지 않습니다.

영어 학원 제대로 고르는 9가지 방법.

첫째, 무작정 하루 50개씩 영어 단어 외우는 곳은 피합니다. 효과가 적고 스트레스가 쌓이며 머릿속에서 빨리 사라집니다.

둘째, 원어민 교사가 있는 곳은 피합니다. 한국인 영어 선생님에게 배우는 곳이 좋습니다. 세계 교육 1위 핀란드도 예전에 원어민 수업을 진행했지만 효과가 떨어진다는 통계가 나오자 핀란드 모국어 영어 선생님들로 모두 교체했습니다.

셋째, 교사가 티칭한 수업 내용을 아이들이 직접 활용할 수 있어야 합니다. 서울대 나온 선생님의 멋진 수업을 관람하는 것은 의미가 없습니다. 관람 후 아이가 수업에 참여해야 진짜죠.

넷째, 헤드셋 이용하는 학원은 삼가야 합니다. 1년 이상 지속적으로 노출되면 귀에 문제가 발생합니다. 헤드셋 없이 한다면 옆 친구의 소리에 방해될 것 같기만 그렇지 않습니다. 은연중에 옆 친구가 공부하는 소리를 듣기 때문에 자연스러운 영어환경이 만들어집니다.

다섯째, 하나의 교재로 1개월 이상 수업하는 곳은 피해야 합니다. 대부분의 영어 학원은 본사로부터 교재를 강매당하는 경우가 많습니다. 본사가 유지하려면 어쩔 수 없는 시스템입니다. 하나의 교재로 3개월씩 공부하는 것보다 스스로 영어책을 읽는 습관을 들여 하루 10권 이상 스토리 영어책을 읽게 만드는 것이 더 실용적입니다.

여섯째, 스토리 영어책을 매일 읽는 곳을 선택합니다. 『읽기 혁명』의 저자 크라센 교수의 말에 의하면 '읽기는 언어를 배우는 최상의 방법이 아니다. 그것은 유일한 방법이다'라고 했습니다. 영어라는 언어를 배울 때는 다독이 답입니다.

일곱째, 파닉스만 3개월 이상 하는 곳은 피합니다. 단순히 외국에서 몇년 살았다는 이유로 대한민국에서 영어 학원이나 영어유치원을 오픈하는 경우가 많습니다. 파닉스가 중요하다며 3개월에서 2년 동안을 파닉스만 가르치는 곳도 있습니다. 저는 두 아이에게 파닉스에 대해 알려준 적이 없습니다. 단지 온라인 영어 도서관에서 영어책 다독하고 회화 솔루션으로 스피킹 연습을 충분히 시켰습니다.

여덟째, 원어민 발음으로 문장을 듣고 스피킹 연습할 수 있는 시스템을 활용하세요. 어려운 영어 문장을 아이가 말하게 하려면 반복해서 듣는 것이 가장 좋습니다. 여러 가지 이유로 100번 들려주고 스피킹 연습해도 아직인 아이가 있습니다. 하지만 그 과정을 거쳤기에 약간씩 발음도 교정되면서 문장이 조금씩 외워집니다. 200번 들려주고 스피킹하면 결국 어려운 문장도 자기 것이 됩니다.

아홉째, 자기 주도적으로 영어를 공부하고 복습할 수 있는 곳이 좋습니다. 모르는 영어 단어를 찾아 '오답 영어 단어 노트'를 만들게 하세요.

중국어를 함께 시작해도 되나요?

아이의 나이에 따라 차이가 큽니다. 6세와 초등 2학년을 둔 엄마는 직장에서 높은 위치에 있는 열혈 직장맘입니다. 중국에서 3년 동안 파견 근무를 할 때 아이들도 모두 데리고 갔죠. 아이들은 국제중학교에 다니게 했습니다. 3년 후 대한민국으로 돌아온 아이들은 주변에서 보기엔 성공적인 해외 생활을 한 것처럼 보였습니다. 하지만 안을 들여다보니 심각한 상황이 벌어졌습니다.

5학년이 된 아이는 한국어에 대한 자신감이 결여되어 자존감이 낮아져 있었고 국제학교에서 3년 동안 배운 영어와 중국어는 한국으로 돌아온 지 1년 만에 머리에서 사라지고 있었습니다. 게다가 동생은 영어를 제외한 다른 모든 수업 과목을 따라가지 못할 정도라 담임 선생님과 교과 상담을 했습니다. 아빠는 병원에 가서 ADHD 검사라도 받으라고 합니다. 두 아이는 영어만 잘하는 아이들로 성장했습니다.

하지만 대한민국에서 아이를 키우는 부모의 1차 목표는 수능시험입니다. 영어도 1과목, 수학도 1과목, 물리, 화학, 생물, 지구과학, 역사, 세계사, 일본어, 중국어, 한문, 한국사, 직업탐구도 모두 1과목입니다. 한국어가 되지 않는 아이는 대한민국 교육과정을 따라가기엔 불리합니다.

영어와 중국어를 동시에 배우면 장단점이 있습니다. 결론을 말씀드리자면 모국어 책을 다독해서 또래보다 월등히 잘하는 아이로 성장시킨 후 영어부터 마스터하게 하세요. 한국어와 영어를 마스터한 아이는 600시간만 투자하면 중국어를 익힐 수 있습니다. 단, 한자 공부는 미리 해두어야 합니다.

초등 1학년 때 영어를 시작한 여자아이가 있었습니다. 5명이 그룹 수업을 시작했는데 또래보다 영어를 무척 잘했어요. 4개월째가 되니 엄마가 상담 요청을 하더군요.
"선생님, 중국어를 배울 기회가 생겨서 시작하려고 하는데 괜찮을까요?"
엄마는 아이가 영어를 곧잘 하는 것처럼 중국어도 괜찮을 거라는 생각입니다. 아이는 엄마 스케줄대로 중국어를 배우기 시작했고 한 달 정도는 힘에 부치는 듯 보였으나 해내고 있습니다. 하지만 예전처럼 영어를 잘 따라 하는 모습이 사라지기 시작했습니다. 그냥 또래보다 잘한다는 정도로 변하고 있었죠.

이유는 간단합니다. 수영 선수에게 같은 스포츠니까 달리기 선수의 역할도 맡긴 셈이거든요. 수영에서도 금메달을 따고 달리기 시합에도 금메달을 따기는 힘들다고 봅니다. 대신 두 종목에 도전했다면 경험치는 높아지겠죠.

큰아이는 하루 3시간에서 6시간 영어를 접했습니다. 저의 두 아이 모두 머리가 좋아서 공부하지 않아도 잘하는 것처럼 오해하는 경우가 많습니다. 평범한 아이들이기에 누구보다 시간 투자를 많이 했습니다. 큰아이가 초등학교 고학년 때, 중국어를 3년간 공부하던 친구의 영향을 받아 중국어를 시작했습니다. 아침 자습 시간에 전날 공부한 중국어로 이야기 나누는 것을 즐거워했어요. 그러다 우연한 기회에 구청 복지관에서 중국어 학습 지도 봉사를 권유 받게 되면서 중국어에 더욱 관심을 갖게 됐습니다.

불어는 아빠가 좋아하는 소피 마르소 때문에, 스페인어는 좋아하는 축구 때문에, 일본어는 일본 애니메이션 〈너의 이름은.〉을 보고 좋아하게 되었습니다. 모든 게 강요가 아닌 스스로 좋아서 시작했기 때문에 스트레스 없이 언어를 공부하게 되었답니다.

잠수네 공부법 적용하기

잠수네 공부법으로 성공하는 부모님은 상위 3%에 드는 분들이라고 생각됩니다. 저처럼 평범한 부모는 따라 하기 힘든 시스템입니다. 평범한 부모가 상위 3% 부모의 학습법을 따라가려다 가랑이가 찢어질 수도 있습니다. 내게 힘겨운 시스템이라면 내게 맞는 시스템으로 변형시키는 것도 좋습니다. 저는 종이 영어책을 읽어주기 힘들기 때문에 원어민이 읽어주는 온라인 영어 도서관을 선택했습니다. 먼저 부모가 잘하는 부분이 무엇인지를 파악하세요. 미술을 전공했다면 미술과 영어를 접목시켜서 아이와 함께 하면 됩니다.

부모가 나서서 학습 시스템을 개발할 필요는 없습니다. 이미 있는 시스템을 활용하면 됩니다. 다만 아이가 그것을 좋아하는지 파악하는 게 우선입니다. 제 경우는 다양한 영어 노출 방법을 사용했습니다. 그중에서 온라인 영어 도서관을 통해 8000권을 읽히는 과정에서 어려움을 겪기도 했습니다.

온라인 영어 도서관을 선택해서 영어책을 읽히는데 얼마 지나지 않아 영어책을 읽으려 하지 않았어요. 동기부여를 해도 6개월 정도 후에 결국 흥미를 잃더군요. 물론 흥미가 떨어지기 전에 부모도 함께 읽으려고 노력합니다만 사람의 힘으로 안 되는 게 있습니다. 그럴 땐 다른 온라인 영어 도서관을 활용하고 셈틀누리, 하이라이츠 라이브러리, 리딩오션스, 리틀팍스를 계속해서 번갈아가며 노출시켰어요.

회화 솔루션 호두잉글리시를 사용하면서 함께 대사를 외워 연극도 진행합니다. 시간이 지나 흥미를 잃으면 회화 솔루션 토크리시를 이용했습니다. [듣기] [연습하기] [도전하기]로 구성이 되어 있습니다. 에피소드 240개 4000문장이 들어 있어요. [듣기]를 통해 에피소드 4문장을 듣습니다. 그리고 [연습하기]를 통해 한 문장 듣고 따라 하면서 문장을 익힙니다. 익힌 4문장이 힌트가 되어 캐릭터와 쌍방향으로 대화를 합니다. 첫 번째 도전으로 성공하는 아이는 없습니다. 적게는 세 번 많게는 열 번 도전해야 겨우 통과할 수 있습니다. [도전하기]가 성공하면 [전체듣기]를 통해 [도전하기]하면서 제대로 발음하지 못했던 문장을 익힙니다. 그리고 다시 도전해서 1000점을 만듭니다. 이렇게 진행하는 동안 에피소드 1에 나오는 문장들을 50번 듣고 말하는 과정을 거치게 됩니다. 아이는 자연스럽게 문장을 익히게 됩니다. 게임처럼 한 단계씩 클리어 해나가기 때문에 흥미를 잃지 않습니다. 이 회화 솔루션 4000문장만 외워도 영어에 엄청난 도움이 됩니다. 에피소드 240까지 클리어 하는 아이들은 극소수입니다.

"아빠, 제가 토크리시 에피소드 240 다시 깨면 부탁 하나 들어주세요."
"너 공분데 뭘 부탁하니?"

아이는 토크리시를 두 번 클리어를 한 상태입니다. 그리고 몇 개월째 로그인을 하지 않았습니다. 다른 공부로 바쁜 걸 알아서 그냥 두었죠. 그런데 축구 게임이 새로 나왔어요. 아이는 이걸로 딜을 하네요. 저는 못 이기는 척 허락을 했습니다. 그런데 에피소드 5까지 진행을 한 후 찾아와 다시 조건을 제시합니다.

"아빠, 예전에 에피소드 240을 하면서 1000점을 만들지는 못했잖아요. 이번에는 에피소드 100까지 모두 1000점을 만들면 어때요?"
"나쁘지 않아. 콜!"
"하하하, 약속하셨어요."
"왜 그렇게 좋아해?"
"3일이면 될 것 같아서요."
"정말? 기대해볼게."

아이는 정확히 3일 만에 에피소드 100까지 1000점을 만들었습니다.

1일째는 새벽 1시 30분까지 공부했고 2일째는 새벽 3시 30분까지, 3일째는 밤 12시까지 즐겁게 공부하는 모습을 보였습니다. 다음 날 학교에 가야해 지장이 있을까 걱정했는데 스스로 하겠다는 마음을 먹었기 때문에 가능한 일이었죠. 저는 4일째에 게임 결제를 해주었습니다. 아이는 제가 무엇을 원하는 지 정확하게 알고 딜을 걸어왔습니다. 제가 할 일은 어떤 걸로 딜을 걸어 에피소드 101부터 240까지 1000점을 만들어야 하나 고민하면서 기다리고 있습니다. 머지않아 그날이 찾아오겠죠.

영어 타자가 필요한가요?

영어 타자는 영어를 습득하는 기본입니다. 영어 타자로 알파벳을 익히게 합니다. 영어 타자를 연습하면 동작지능이 높아집니다. 손은 제2의 두뇌입니다. 많이 사용하면 할수록 더 발달하죠. 학교 과제나 회사에서 업무를 볼 때 영어 타자는 필수입니다. 아이들이 살아갈 미래의 모든 직업은 컴퓨터를 사용합니다. 코딩도 학교 정규 수업과정에 들어갑니다.

영어를 잘하고 프로그램을 만들 실력이 된다면 아이는 평생 돈 걱정하지 않고 살 수 있습니다. 많은 분야에서 필요로 하는 테크닉입니다. 영어 타자는 이 모든 것의 기초입니다. 영어 타자는 영어일기 필사와 영어책 만들기 때 활용할 수 있습니다. 외국인과 메시지를 주고받을 때도 영타가 느리면 대화가 끊어질 수 있습니다. 카톡이 무척 느린 사람과 대화가 힘든 것처럼요.

영어 타자는 하루 세 번, 15분씩만 연습해서 1분에 300타까지만 올려두면 됩니다. 협응력도 좋아집니다. 협응력이란 머리, 팔, 손가락 순으로 발달되는 학습과 밀접한 연관이 있는 지각적 능력입니다. 협응력이 부족하면 받아들이는 정보의 폭이 아주 제한적입니다. 또 손을 사용하기 때문에 후천적 지능까지 높여줍니다. 후천적 지능은 영재 기관에 수천만 원을 싸들고 간다고 높일 수 있는 게 아닙니다.

아침에 한 번, 학교 다녀와서 한 번, 저녁 먹고 한 번씩 15분을 투자하면 영어 실력도 올라가고 두뇌력도 좋아집니다. 아이만 연습하라고 하면 제대로 하지 않습니다. 부모님과 함께 100타까지 누가 빨리 올라가는지 시합을 하면 좋습니다. 100타, 200타, 300타가 되면 아이가 좋아하는 치킨을 사주세요. 아이들에게는 그것이 실력을 높이려는 한 가지 이유이기도 합니다.

영어책 읽기, 중학생이라면 이렇게

대한민국 청소년은 한 달에 0.6권 밖에 책을 읽지 않습니다. 읽을 시간도 없습니다. 하지만 저 역시 큰아이가 태어나면서 독서를 시작했습니다. 독자들에게 이렇게 알려지기까지는 10년이 소요되었습니다. 독서를 시작한 지는 19년 정도 되었죠.

그러니 지금부터 영어책 읽기를 시작해도 저보다 빠른 시작을 하는 셈입니다. 늦은 건 없습니다. 시작한 나음 누가 더 시속적으로 몰입할 수 있느냐의 차이입니다.

"나는 머리가 좋은 것이 아니다. 단지 문제가 있을 때 남보다 더 오래 생각할 뿐이다."

아인슈타인이 한 말입니다. 중학생이라고 영어책 읽기에 늦은 건 아닙니다. 자투리 시간을 내어 책을 읽고 또 읽으면서 더 깊이 생각하면 그 사람의 인생이 조금씩 바뀌기 시작합니다. 저처럼요.

한편 중학생이 영어책 읽기를 시작한다는 건 학교 공부를 할 시간이 줄어든다는 말입니다. 대신 학교 공부를 학습 효율이 높은 쪽으로 계획하고 책 읽는 시간을 내야 합니다. 이때 부모님이 함께 가주면 큰 힘이 됩니다.

대치동 영어 학원에서 중학생 아이 수업을 시작했습니다. 초등학생에게 적합한 수업이지만 중학생 아이가 이 수업을 받겠다고 요청했습니다. 아이에게는 세 가지를 주문했습니다. 틈틈이 책 읽기, 토크리시 수업을 꾸준히 받기, 집에서 하루 1편 영화 시청하기입니다. 아이는 없는 시간 쪼개어 과제를 수행하려고 노력했습니다. 6개월이 지난 아이는 이렇게 말했습니다.

"선생님, 입에서 영어가 막 튀어나오려고 해요."

영어는 얼마나 간절하느냐에 따라 실력도 그만큼 향상됩니다. 지금 시작하는 나이는 긴 인생을 두고 보면 늦은 것도 아니죠. 간절하다면 지금이 영어책 읽기에 적기입니다.

처음 시작은 쉬운 영어책 읽기로 하세요. 페이지에 모르는 단어가 많으면 시간도 오래 걸리고 동력을 잃을 수 있습니다. 페이지를 펼쳤을 때 모르는 단어 5% 정도면 좋습니다. 쉬운 책으로 자신감을 키운 뒤 다독하세요. 10권의 책을 한 번만 읽는 것보다 한 권의 책을 반복해서 보세요. 책 읽는 것이 습관이 되고 쉬운 책이 너무 쉽다고 느껴질 때 조금 더 수준 높은 책을 읽으세요. 가끔은 내 수준보다 조금 높은 책에도 도전해보세요. 모르는 단어가 나와도 한 번 완독하세요. 두 번째 읽을 때는 모르는 단어를 찾으면서 읽으면 됩니다. 세 번째 읽을 때는 속도도 빨라지고 영어 문장을 읽을 때 이미지가 머릿속에 그려집니다. 중학생은 고등학생보다 상대적으로 여유가 있습니다. 독서를 시작하기 딱 좋은 나이입니다.

스마트기기는 골칫덩이?

아이라 안 되고 어른이라 되는 건 없습니다. 그 사람의 건강 상태를 먼저 체크해야 합니다. 의사들 말에 의하면 스마트기기에 6시간 노출돼도 괜찮은 아이가 있는 반면 1시간 노출로 이상 증세를 보이는 경우도 있다고 합니다. 부모의 관심과 사랑이 필요한 이유죠. 가까이서 관찰하면서 장시간 노출에도 이상이 없는지 체크를 하셔야 합니다. 미디어 노출은 늦으면 늦을수록 좋습니다. 너무 오랜 시간 미디어에 빠지게 두면 자칫 부작용이 심하게 나타날 수 있습니다.

식당에서 조용히 밥을 먹으려고 영유아한테 아이패드를 안기는 부모들을 봅니다. 식사 시간이 1시간 이상 길어질 경우 아이는 그 시간 동안 부모의 소홀한 관리에 노출됩니다. 우는 아이에게도 아이패드나 스마트 폰을 들려주는 경우도 많습니다. 그리고 몇 시간씩 방치를 합니다. 자칫 이 습관이 성장하면서까지 이어져 하루 종일 아이패드나 스마트 폰을 끼고 사는 사태도 발생합니다.

　부모가 일이 생겨 외출을 하면 아이들은 그 틈을 타서 하루 종일 스마트 폰을 하려고 합니다. 외출 시 아이를 데리고 가면 좋지만 초등학교 4학년만 되어도 부모를 따라 외출하는 것을 꺼려합니다. 외출 시에도 아이가 공부해야 할 분량을 정해주고 끝난 후 스마트 폰을 하라고 약속을 받아야 합니다. 하지만 지켜지지 않는 경우가 대부분일 겁니다. 혼을 낼 필요는 없습니다. 단지 약속을 지키지 않아 실망했다는 표현을 하시면 됩니다. 아이가 약속을 지키지 않았다는 인지만 하고 있으면 됩니다. 이런 경험이 쌓이면 조금씩 자신의 행동을 고쳐나가려고 할 겁니다.

영어 때문에 외국으로 유학을 가려해요

　국내에서 잘하는 아이가 외국에 나가면 성공할 확률이 높아집니다. 국내에서 적응 못하는 아이가 외국에 나가면 실패할 확률이 높습니다. 도피성 유학은 돈만 버리는 결과가 됩니다. 10년 전보다 조기 유학이 3분의 1로 줄었습니다. 부작용이 만만치 않기 때문이겠죠. 예전에는 기업에서 조기 유학파를 많이 채용했어요. 하지만 통계를 보니 회사 입장에서 유학을 다녀오지 않은 국내 대학 인재들이 훨씬 더 일을 잘한다는 걸 누적된 경험으로 알게 된 거죠. 그래서 이제는 유학을 다녀와도 취직 걱정을 해야 하는 시대입니다. 물론 외국에서 터를 잡고 산다면 외국으로 가야겠지요. 단시간 동안 영어 때문에 나가는 거라면 얻는 것보단 잃는 게 더 많습니다. 집 팔고 땅 팔아 아내와 아이들을 외국으로 보내고 아빠는 기러기 생활을 합니다. 거기다 개인주의 성향이 강한 외국에서 공부한 아이들은 아빠와의 관계가 소원해질 수 있습니다.

어떤 아이는 조기 유학을 몇 년 다녀온 뒤 한국어 이해력이 떨어져 귀국반에서 가나다라를 다시 배우고 있습니다. 한국어를 모국어로 습득하지 못한 아이들에게 한국어가 가장 배우기 어려운 언어입니다. 그래서 조기 유학보다는 현재 다니고 있는 학교 생활에 먼저 충실해야 합니다. 요즘 대학은 수시전형이 늘어가는 추세입니다. 대학 입학 전형도 수천 가지나 됩니다. 단지 영어 하나 때문에 많은 돈을 써 가면서 외국으로 나가는 건 신중해야 합니다.

큰아이가 국제중학교에 입학하고 한 달이 되기도 전에 많은 아이들이 학교에 적응하지 못해 그만두었습니다. 이유의 대부분이 영어는 잘하는데 대한민국 시스템에 적응을 못해서였습니다. 말 그대로 영어만 잘하는 겁니다. 그리고 울며 겨자 먹기로 다시 외국으로 나갑니다. 한국인이 한국어가 어려워 대한민국을 떠나는 경우까지 발생합니다. 영어를 못하는 부모 입장에서는 영어만이라도 잘하면 되지 않느냐라고 합니다. 대한민국에 살면서 생활에서 영어는 그렇게 많이 필요하지 않습니다. 선망의 대상일 뿐 실용성이 떨어집니다. 외국 생활을 오래 한 아이에게 역사도 어렵습니다. 조선시대니 고려시대니 어려운 용어들이 즐비합니다.

어학연수 1개월, 효과가 있을까요?

영어는 단기간에 끝낼 수 없는 언어입니다. 대학교 입학 또는 직업을 가진 후에도 손에서 놓을 수 없습니다. 영어를 진짜 잘하고 싶다면 하루 8시간씩 3년을, 하루 10시간씩 2년의 세월이 필요합니다. 개인적인 차이가 있을 수 있지만 여행을 다녀온다고 생각하면 편할 것 같습니다. 어학연수를 통해서 외국인과 직접 대면하면 영어를 말할 수 있다는 자신감이 증가되는 게 사실이니까요. 하지만 요즘은 외국에 가지 않아도 원어민 선생님과 화상으로 매일 만날 수 있습니다. 필리핀 같은 나라는 대한민국과 시차도 1시간밖에 나지 않죠. 아시아권이라 사고방식에도 이질감이 크게 없습니다. 캐나다 선생님도 마음만 먹으면 만날 수 있고요. 대신 필리핀 선생님과의 수업료보다는 2~3배가 비쌉니다. 만날 수 있는 시간도 시차 때문에 늦은 저녁부터 새벽까지입니다.

필리핀 어학연수만 따져보면 다음과 같은 우려점이 있습니다. 인건비가 아주 쌉니다. 초등학교 교사 월급이 원화로 20만 원 수준입니다. 사람마다 다를 수 있지만 전반적으로 대한민국 국민보다는 불성실합니다. 치안도 불안합니다. 최근 9년간 필리핀에서 사망한 한국인이 65명에 달합니다. 차라리 그 비용으로 1~2년 화상 수업을 꾸준히 하는 것이 더 효과적입니다. 영어는 습관입니다. 1개월 다녀온다고 습관이 몸에 부착되는 건 아니랍니다.

세이펜으로 영어책 읽기

　대부분의 아이가 처음엔 관심을 보이다가 얼마 지나지 않아 혼자 하게 두면 관심을 잃습니다. 기계와 교감하는 것과 또래나 부모와 교감하는 것은 질적으로 차이가 큽니다. 과학자들도 이런 도구를 이용할 때의 효과가 20%를 넘지 않는다고 했습니다. 학습 효과를 높이려면 세이펜을 가지고 함께 책을 읽어야 합니다. 내가 이 장비를 구입해주었으니 너 혼자 하라고 하면 금세 흥미를 잃어버립니다. 내가 좋은 선생님 찾아 학원에 보내주니까 학교에서 1등 해야 한다는 것과 같습니다. 학교에서 상위권을 유지하려면 부모의 관심이 필요합니다. 그래서 세이펜이라는 도구를 넣어주는 것에 그치지 말고 함께 해야 하는 것입니다.

　특히 영어책은 아이가 큰소리로 행동을 넣어가면서 읽는 것이 가장 효과가 좋습니다. 이북을 통한 영어책 읽기는 영어 발음을 수정하는 데 효과가 좋고요. 엄마가 읽어주는 영어책은 발음은 서툴지만 사랑이 담겨 있기 때문에 그 무엇보다 가장 값집니다. 부모의 어눌한 영어 발음은 아이의 영어 발음에 영향을 미치지 않는다고 과학자들이 입증하기도 했습니다. CD와 각종 미디어, 원어민이 읽어주는 온라인 영어 도서관 등에서 쉽게 원어민 발음을 들을 수 있습니다. 그러니 마음 푹 놓고 영어책을 읽어주면서 아이와 깊은 교감을 나누세요.

✲✲ 영어 비법 추천 도서

* 『기적의 영어 육아』
* 『도서관 영어 독서법』
* 『아깝다 영어 헛고생』
* 『아이 책 고르는 엄마, 영어책 먹는 아이』
* 『영어 독서의 힘』
* 『즐거운 영어 독서록 쓰기』
* 『읽기 혁명』
* 『큰소리 영어 학습법』
* 『하루 3문장 영어일기 무작정 따라 하기』

엄마표 영어로 집에서 해도 될까요?

마음에 드는 영어 학원이 없다면 엄마표 영어로 집에서 시작하세요. 도전해보다 힘에 부치면 도움을 받더라도 엄마표 영어가 우선입니다.

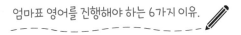

엄마표 영어를 진행해야 하는 6가지 이유.

첫째, 학원 다닐 때는 알 수 없었던 아이의 부족한 영어가 엄마표 영어를 시작하면 보입니다. 엄마표니까 매일 교정할 수 있습니다.

둘째, 학원비가 나가지 않아 가정 경제에 도움이 됩니다. 학원을 2개만 보내도 많은 금액이 지출됩니다.

셋째, 집에서 출발해 학원 수업 시작까지 소요되는 등하원 시간만 보통 하루 1시간을 잡아 먹는 경우가 많습니다. 1년 다니면 꽤 많은 시간을 거리에 버리는 셈입니다. 1시간이면 영어 스피킹 연습 300문장은 거뜬히 하고도 남습니다.

넷째, 진도를 아이에 맞게 수시로 조정할 수 있습니다. 학원에 다니는 아이는 학원 진도에 맞춰 공부를 해야 하는 줄 착각합니다. 더하고 싶을 때 몰입할 수 있고, 학교와 학원 생활이 힘들어 진도를 늦추고 싶을 때 조정이 가능합니다.

다섯째, 엄마의 영어 실력도 함께 늘어나며 아이에게 좋은 본보기가 됩니다. 언어는 부모에게 배우는 것이 가장 좋습니다. 그것이 한국어든 영어든 말이죠.

여섯째, 엄마의 영어 실력을 높여두면 훗날 더 많은 돈을 벌 기회가 찾아오기도 합니다. 아담하게나마 영어 공부방을 오픈할 기회도 생길 수 있죠.

영어 발음에 자신 없어요

부모가 영어 발음이 좋은 편이 아니라고 해도 아이들이 영어를 깨치는 데 아무런 걸림돌이 되지 않습니다. 오히려 그런 마음을 가지고 있는 게 더 좋지 않은 영향을 끼칩니다. 엄마는 발음과 상관없이 생활에서 영어를 깨치는 데 관심을 가지면 됩니다.

"아빠, 이제 다른 사람 앞에서는 영어를 하시지 않는 게 좋을 것 같아요."

"왜?"

"아빠 발음이 너무 안 좋아요."

큰아이에게는 초등 3학년 때, 둘째 아이에게는 초등 4학년 때 들은 얘기죠. 살짝 기분이 나빴지만 한편으로는 기뻤습니다. 아빠의 발음과 원어민의 발음을 구분해낸다는 의미였으니까요.

대한민국 부모들은 안 좋은 영어 발음으로 아이를 망칠까 걱정되어 집에서는 영어를 절대 입 밖으로 내지 않습니다. 글로벌 시대입니다. 외국인들이 TV에서 진짜 한국인처럼 말하는 사람이 없듯, 대한민국에서 태어나 자란 사람이 원어민처럼 유창하게 말할 수는 없습니다. 창피할 것도 없습니다. 인정을 하고 시작하면 마음이 편합니다. 나도 영어를 정복하겠다는 마음을 먹고 도전하세요. 영어는 마음을 여는 순간 알게 되고 어떻게 영어에 접근해야 하는지 방향이 보입니다.

좋지 않은 발음은 대한민국이 IT 강국이라는 점을 활용하면 됩니다. 채널만 돌리면 영어가 나옵니다. 영어 CD와 이북은 아이들을 원어민 영어 발음으로 안내합니다. 영어에 대한 두려움을 떨쳐버리고 생활에서 사용하는 것이 영어 정복의 첫걸음입니다.

학교 영어 시험 대비법

7세까지 한국어 책을 많이 읽게 하세요. 초등학생 때는 한국어 책과 더불어 영어책을 많이 읽게 하세요. 초등학교 졸업까지 최대한 외국 영화를 최대한 많이 시청하세요. 10편 정도의 외국 영화를 반복 시청하게 하세요. 중학교 때는 영어 수업이 있다면 그날이 가기 전에 복습을 시키세요. 다음 날도 복습을 하세요. 학교 영어는 주 2회 수업을 합니다. 공부할 때 하루 쉬면 다시 제자리로 끌어올리는 시간이 이틀이 필요합니다. 새 학기가 시작되고 영어 시험을 칠 때까지 수업 시간에 배운 내용을 약 50번 이상 반복해서 익히세요. 그럼 시험을 잘 봅니다. 누구나 공감하지만 실천하는 사람은 전교에 다섯 명도 되지 않습니다. 성실한 아이, 매일 노력하는 아이, 엉덩이가 무거운 아이, 친구들에게 이리저리 휘둘려 다니지 않는 극소수 아이만이 실천합니다.

고등학생도 마찬가지입니다. 학원 다닌다고 시간과 힘을 뺏지 마세요.

학원 왔다 갔다하면 복습을 할 수 없습니다. 학원 선생님이 멋지게 수업하는 것을 내 것으로 만들어야 합니다. 또한 학교 성적이 잘 나오려면 학교 선생님 말씀에 귀 기울여야 합니다. 학교 선생님의 시험 출제 경향을 파악하는 것이 우선입니다. 그리고 꾸준한 복습으로 시험 범위까지 통으로 영어 문장들을 외운다면 변형해서 내는 문제까지 맞출 수 있습니다.

대치동에서 명문 고등학교를 다니는 아이가 고등학교 첫 시험에서 전교 150등을 했습니다. 서울대에 다니고 있는 형이 문제집을 3일에 한 권씩 풀 수 있어야 서울대에 입학할 수 있다며 복습의 중요성을 알려주었습니다. 형의 조언 후 동생은 문제집을 3일 만에 한 권씩 풀어내고 있었습니다. 집에는 풀었던 문제집이 차곡차곡 쌓이기 시작했고 아이는 결국 전교 5등 안에 들기 시작했습니다.

모의고사를 잘 보는 것도 굉장히 중요하죠. 모의고사도 꾸준함으로 승부합시다.

고등학교 과정까지 나오는 영어 단어는 대략 7천에서 8천 단어입니다. 하루 100단어씩 외우면 70일이면 끝낼 수 있습니다. 하지만 이렇게 외우면 머릿속에 스트레스는 남아도 단어는 남지 않습니다. 그러니 스토리 영어책을 읽고 이야기로 영어 단어를 내 머릿속에 넣어야 합니다. 외국 영화를 반복 시청해서 문장을 체화합니다. 회화 솔루션으로 통으로 문장을 익힙니다. 중학교 졸업 전까지는 이 방법으로 외국 문화를 익히면서 단어와 문장을 알아가야 합니다. 그리고 난 다음 고등학생이 되어 수능 모의고사 기출문제를 1주에 1개씩 풀면서 모르는 단어가 나오면 영어 오답 노트를 만듭니다. 모의고사 문제 유형을 계속 풀다 보면 성적이 향상될 수 밖에 없습니다.

10년 해도 어려운 영어!
영어를 정복할 수 있을까요?

영어 정복에 필요한 6가지.

❶ 티칭으로 끝나면 학습 효과는 3%입니다. 티칭한 것에 대해 아이가 다른 사람에게 설명할 수 있는 수업을 합니다.

❷ 긴 문장이나 발음하기 어려운 문장은 77번 이상 듣고 말해야 자신의 것이 됩니다. 한 문장이 완성될 때까지 과정을 보여줍니다. 한글로 장황하게 설명해놓은 것을 읽는 시간에 영어 문장 하나라도 더 듣고 말해보는 것이 더 효율적입니다.

❸ 영어 정복에는 2200시간에서 10,000시간이 소요됩니다. 매일 3시간 이상씩 빠지지 않고 습관을 들입니다. 시간이 없는 날에는 10분이라

도 영어 공부를 합니다. 책 읽기 외 다양한 영어 공부 방법을 사용하세요.

❹ 영어에 대한 자신감을 잃지 않게 합니다. 한국인이라면 모두가 영어가 어렵습니다. 긴 여정이기에 지치지 않도록 마인드 컨트롤이 필요합니다.

❺ 영어에 대한 동기부여를 넣도록 합니다. 의무적으로 영어 공부를 생각하면 학습 효과는 떨어집니다. 외국인 친구를 만들거나 영어가 필요한 이유를 지속적으로 알려주세요.

❻ 온라인 영어 도서관이나 회화 솔루션으로 스피킹 영어를 익힙니다. 원어민이 말해주는 영어 문장을 듣고 큰소리로 쉐도잉하세요.

★★★ 말 잘하는 아이로 키우는 6가지 방법 ★★★

1. 아이 이야기를 잘 들어주는 부모가 되세요
2. 하루 1번 이상 함께 밥을 먹으면서 대화를 나누세요
3. 도둑질 빼고 무엇이든 경험을 할 수 있게 해주세요
4. 잘하는 게 보이면 칭찬을 아끼지 마세요
5. 다독하게 하세요. 어휘량이 늘어야 말에 힘이 생깁니다
6. 운동으로 신체 발달을 시켜주세요

3장

옳은 말, 좋은 말,
아이를 키우는 말

- 대화 비법

옳은 말, 좋은 말, 아이를 키우는 말

언어는 세상에서 가장 위대한 발견 중에 하나입니다. 사람과 사람 사이를 연결해주는 언어는 상대를 살리기도 죽이기도 합니다. 따뜻한 말로 상대를 치료하기도 하고 차가운 말로 상대에게 상처를 주기도 합니다. 만나서 대화를 나누면 기분 좋은 사람이 있는 반면, 만나거나 대화하기 싫은 사람이 있습니다. 아이를 움직이는 대화가 있는 반면에 아이에게 상처 주고 눈물 흘리게 만드는 대화가 있습니다. 말투 하나 바꾸었는데 아이 인생이 달라지기도 합니다.

아이의 첫 대화는 부모와 함께 시작됩니다. 독립할 때까지 나를 키워준 분과의 대화는 다른 사람과의 대화에서 뿌리 역할을 합니다. 그 뿌리가 좋은 흙을 만나 건실하면 나무는 흔들리지 않고 잘 자랍니다. 성장하면서 선생님과 어떤 대화를 해야 하고 친구와는 어떻게 대화를 나눠야 하는지 부딪히면서 배우게 됩니다. 부모와 어떻게 대화를 나누며 성장했는지에 따라 아이는 세상에 많은 친구를 둘 수도, 적을 많이 둘 수도 있습니다. 그렇게 뿌리 내린 대화법들로 직장 동료 그리고 상사와 관계를 형성하며 삶의 길 또한 달라집니다. 이 세상 모든 사람의 삶에 지대한 영향을 끼치는 게 바로 부모와의 대화입니다.

아이들 운명은 결국 어떤 환경에서 자라느냐에 따라 달라집니다. 따뜻하고 열린 대화를 많이 하는 가정과 닫힌 대화를 주로 하는 가정에 따라 삶의 방향이 달라집니다. 아이와의 대화가 아이의 삶 전체를 지배합니다. 부모의 말 한마디가 위대한 아이를 만들 수도 있습니다. 화를 참지 못하고 아이에게 무심코 뱉은 말로 평생의 상처를 만들기도 합니다. 때론 상대에게 모욕적인 말을 사용했거나 말실수로 오해를 받아 목숨까지 잃게 됩니다. 말은 칼보다 강하고 그 칼날의 끝은 나를 향할 수 있습니다.

사춘기 아이와 대화하기

사춘기라고 아이가 입을 닫는 경우는 없습니다. 아무리 사춘기라도 친구들과는 말을 하거든요. 말이 통하지 않는 부모와의 대화만 끊은 거죠. 사실 대화의 기본은 말하는 게 아니라 들어주는 것입니다. 아이와 대화하는 방법을 잘 모르면 그냥 말없이 들어주는 게 좋은 방법입니다. 대화에 서툰 부모는 말로 긁어 부스럼을 일으키는 경우가 많습니다. 특히 사춘기 아이들은 말을 건네기가 무섭습니다. 위로한다고 던진 말인데 그런 위로는 필요 없다고 합니다. 어디로 튕겨 나갈지 모르는 스프링 같은 시기입니다. 오죽하면 북한군이 대한민국 중학생 무서워 못 쳐들어온다는 우스갯소리까지 있겠습니까.

사춘기 아이가 왜 부모와 대화를 피하는지 파악해야 합니다. 문제를 아이에게서만 찾으려고 하면 해결 방법을 찾지 못할 수도 있습니다. 부모가 먼저 자신을 점검해야 합니다. 교훈적인 말만 하지 않았는지, 학생이니까 공부만 하라고 한 건 아닌지, 아이가 친구 때문에 힘들어하는 걸 몰라주지는 않았는지, 바쁘다는 핑계로 아이와의 대화에 소홀했는지 말입니다. 아이의 가장 큰 고민은 성적과 친구일 가능성이 큽니다. 그런데 그런 고민은 부모에게 쉽게 이야기하지 않죠. 특히 부모와 관계가 좋지 않은 경우는 더더욱 그렇습니다.

아이가 좋아하는 걸로 접근하세요. 게임을 좋아하면 게임을 함께 하세요. 웹툰을 좋아하는 아이라면 10만 웹툰 작가에 대해 얘기를 나누세요. 운동을 좋아하면 저녁 식사 후 함께 운동하러 가세요. 쇼핑을 좋아하면 마트나 백화점을 함께 가려는 수고를 마다하지 않아야 합니다. 아이가 좋아하는 식당에 데려가세요.

저 역시 사춘기 아이를 어떻게 대해야 할지 고민이 많았습니다. 여러 일이 있었지만 그중 가장 기억나는 일은 아이 성적에 관한 일이었어요. 언제나 최상위권이었던 아이가 중학교에 입학하고 첫 중간고사에서 꼴찌를 했거든요. 아이는 실의에 빠졌고 아무 의욕이 없어 보였어요. 기숙사 생활하던 아이가 주말에 집에 와서 방에만 있었습니다.

"집에만 있지 말고 아빠랑 오랜만에 농구 한 판 할까?"
"농구할 기분이 아니에요."

"가볍게 10분만 하자. 아빠도 운동해야지 건강을 지킬 거 아니니?"

아이는 마지못해 일어났습니다. 처음엔 말이 없던 아이가 농구를 시작하고 기분이 풀렸습니다.

"난 우리 아들이 참 대단하다고 생각해. 혼자 힘으로 국제중학교에 입학했으니까 말이야. 아빠는 중학교 때 반에서 가장 잘한 등수가 26등이야. 초등학교 다닐 때는 수학을 몰라서 사촌 동생과 누나한테 많이 비교당하기도 했었지. 이런 아빠에 비하면 넌 비교도 할 수 없을 만큼 훌륭해. 아빠가 너라면 국제중학교 원서도 내지 못했을 거야."

농구를 끝내고 의자에 앉아 이야기를 나눌 수 있었습니다. 힘든 학교 생활과 선행하지 않아 떨어진 성적, 국제중 친구들의 좋은 가정과 많이 다른 우리 가정 형편까지 마음속 고민을 공유하는 값진 시간이었죠. 그리고 아이가 느끼고 있는 여러 문제의 해결책을 함께 찾아보자고 했습니다.

다른 것들도 그렇지만 성적은 부모가 어떻게 해줄 수 있는 게 아닙니다. 함께 고민하고 찾아보면서 아이가 부족한 것을 짚어주고, 복습하고, 공부하는 수밖에 없습니다. 그래서 방학이면 독서실 티켓 2장을 끊어 공부하는 아이 옆을 지켜주었습니다. 아이의 속상한 마음을 알아주었더니 성적이 상승 곡선을 타고 올라가기 시작했습니다. 그렇게 중학교 졸업 때는 최상위권 성적을 유지한 덕분에 하나고등학교에 합격할 수 있었습니다.

대화의 기본은 말하는 것이 아니라 듣는 것입니다. 잘 들어주면 부모가 하고 싶던 말을 아이의 입을 통해서 들을 수 있습니다. 그래서 기다려주는 부모가 필요합니다.

스스로 도와주는 아이로 기르는 법

결혼해서 아이를 낳고 살다 보면 엄마의 성격도 많이 바뀝니다. 딸 가진 엄마보다 아들 키우는 엄마가 수명이 단축된다는 통계도 있죠. 아들 가진 아빠는 상관없습니다. 그 아빠도 아들처럼 자신의 엄마 수명을 단축시킨 경험이 있습니다. 그런 이유로 아들 가진 엄마들은 아들을 딸처럼 키우면 좋을 것 같아요. 물론 마음처럼 쉽지는 않겠지만요.

저는 아들에게 설거지와 빨래도 시키고 요리도 함께 해야 한다고 어렸을 때부터 가르쳤습니다. 저희 집 큰아이가 기숙사로 들어가야 했을 때 저희 부부는 온통 걱정스런 마음을 안고 있었습니다. 그런 저희 부부에게 아들이 저녁을 만들어주더군요.

"오늘 요리는 마지막으로 제가 해드릴게요."

아들은 저희 부부를 위해 오므라이스를 준비했습니다. 맛은 별로 없었지만 참 맛있게 먹었습니다. 부모에 대한 사랑과 마음이 듬뿍 담겼기에 그 어떤 일류 요리사가 해준 요리보다 훌륭했습니다.

"우리 아들이 이런 것도 만들 줄 아네. 역시 내 아들이다."

이외에도 많은 집안일을 시키곤 했어요. 빨래는 세탁기가 하는 것이니 전혀 어렵지 않습니다.

"빨래 끝났나 보네. 빨래 좀 꺼내줄래?"

"네."

"아빠 어깨가 아파서 부탁 좀 해야 하는데 들어줄래? 아빠가 털어줄 테니까 건조대에 널어줘."

집안일에 익숙한 아이들은 곧잘 이렇게 대답하곤 했죠.

"아프신데 제가 다 할게요."

"빨래 털면서 뭉친 어깨를 풀려고 그래. 아프면 말할게."

"네, 조심하세요."

아프지 않아도 아픈 척 하세요. 아픈 부모를 도와주지 않는 아이는 없습니다. 스스로 도와주는 아이는 자존감이 높아집니다. 지시를 받아 어떤 일을 했다면 자존감은 결코 생기지 않았겠죠.

'세탁기 다 돌았다. 건조대에 빨래 널어'는 어감도, 전달 내용에도 큰 차이가 납니다.

'내가 너보다 힘이 세니까 내 말대로 시키는 대로 해'가 아이에게 전달되니까요. 열심히 공부하고 있는 아이에게 뭔가를 시키면 아이 기분을 상하게 하죠. 그러니 꼭 필요한 심부름이라면 도움을 요청하는 예의는 필요합니다. 말은 아이의 자존감을 높일 수도 깎을 수도 있는 힘을 갖고 있거든요.

자존감을 높여주는 대화의 기본

"수저 좀 놓아줄래?"

"네."

"고마워. 냉장고에서 밑반찬 좀 꺼내줄래?"

아이의 자존감을 높이는 방법에는 집안일 돕기가 있습니다. 식사 시간에 수저 하나를 놓더라도 돕게 해야 합니다. '학생이니 공부만 열심히 해'라고 말하면 아이 인생에 도움이 되지 않습니다. 음식을 준비하면서, 물건을 옮기면서도 아이에게 부탁하는 거죠.

"이 소파 좀 밀어줄래? 3개월 사용했으니 위치 좀 바꾸려고."

"네."

"하나 둘 셋, 밀어."

"고마워."

부모가 하는 일에 아이의 도움을 최대한 이끌어내야 합니다.

"이것 좀 봐줄래?"

"액자 걸려고요?"

"왼쪽 오른쪽 수평만 봐줘. 어때?"

"왼쪽이 조금 내려왔어요."

"조금 조정할게. 지금은 어때?"

"오른쪽이 내려왔어요."

"다시 조정한다. 지금은 어때?"

"딱 좋아요."

"못 박아야 하니까 액자 밑 부분에 저기 있는 연필로 살짝 표시해줘."

"이렇게요?"

"그래. 고마워. 네가 도와주니까 한결 편하구나."

잊지 말아야 할 건 아무리 내 아이에게 부탁을 했다 해도 고마움을 반드시 표현해야 한다는 거예요. 매번 가족들 식사를 챙기는 아내에게 고마움을 표시합니다. 아빠가 차려준 식사를 아이가 맛있게 먹고 서로에게 감사하다는 말을 건네면 건강한 식사시간이 됩니다. 칭찬과 고마움의 표시는 바쁜 부모와 아이라도 자주 요리에 뛰어들 수 있는 계기를 마련하는 거죠.

말로 하는 칭찬은 돈이 들지 않지만 상대방의 자존감을 높여주는 최고의 수단이 됩니다. 그렇게 칭찬 받은 아이는 자신을 사랑하고 남을 배려하는 아이로 무럭무럭 성장합니다.

미래 키워드!
창의력을 기르다

창의력을 높여주기 위해서는 부모가 제공하는 양육 환경이 넓어야 합니다. 제 경험으로 예를 들어볼게요. 어느 날 아이와 산책하다 테니스 공을 주웠습니다.

"아빠, 여기서 테니스 공 주고받기 해요."

테니스 공으로 캐치볼 놀이를 진행했습니다.

"이번에 방법을 조금 바꿔보자. 한 번만 튕겨서 상대가 받도록 하는 거야."

주차장 옆 공터에서 시작한 캐치볼 놀이는 1시간을 훌쩍 넘겼습니다. 시간이 꽤 흘렀는데 아이는 집으로 돌아갈 생각이 없더군요. 너무 더운 날씨라 아쉽지만 그만해야 했습니다. 집으로 오자마자 아이는 테니스 공을 깨끗이 씻었습니다.

"아빠, 이 테니스 공 이름 정했어요."

"뭘로?"

"콩콩이요."

아들과 저는 주말이면 콩콩이를 데리고 캐치볼 연습을 했습니다. 약 3 개월 동안 콩콩이 덕분에 아들과 재미있는 시간을 가졌어요.

"아빠, 콩콩이 배 갈라도 돼요?"

"왜?"

"얼굴을 만들려고요."

아이는 톱으로 콩콩이의 배를 갈랐습니다. 콩콩이에게 생명을 불어넣기 위해서라고 합니다. 콩콩이가 많이 아플 것 같지만 아이를 도와주었습니다.

무심코 주운 테니스 공으로 3개월간 신나게 캐치볼을 했고 의사가 꿈인 아이가 콩콩이 배를 갈라보는 경험도 했습니다. 지금은 테니스 공의 배를 갈랐지만 나중엔 수술실에서 경험을 살릴 수도 있고 집을 지을 때도 필요할 수도 있습니다. 아이가 공을 주웠을 때도 테니스 공의 배를 가른다고 했을 때도 반대하지 않고 다치지 않고 자를 수 있게 도와주었습니다. 사소한 말이라도 아이가 하려는 것을 허용하고 함께 하는 것! 이것만으로도 아이의 창의력은 무한 성장합니다.

친구와 다툰 아이
어떻게 대화해야 할까요?

아이가 국제중학교와 특목고를 다닌 덕분에 학교 선생님들을 많이 알게 되었습니다. 특목고 학부모의 70% 정도가 교직에 있다는 통계가 있습니다. 학교 돌아가는 이야기를 들어보면 학기 초에 학교 폭력으로 시작해서 학교 폭력으로 마무리된다고 합니다. 그 중심에는 문제 아이 길동이가 있었습니다. 길동이로 인해 다른 많은 아이들 사이에서 동시다발적으로 다툼이 일이납니다.

교사 입장에서 객관적으로 보았을 때 길동이가 분명 잘못했지만 길동이도, 부모도 인정하지 않는 경우가 많다고 합니다. 아이 싸움이 어른 싸움이 되어 쌍방향 고소가 오가고 학교 징계 위원회가 심심치 않게 열린답니다.

아이가 학교나 학원을 다니는 동안 친구와 생기는 다툼은 어쩔 수 없어요. 그러니 부모가 나서서 일을 크게 만들기보다는 차라리 한발 물러서서 내 아이도 위로하고 서로 상처받지 않도록 하는 것이 최상의 방법이 아닐까요?

"아빠, 오늘 친구와 싸웠어요."

"왜?"

"생각 주머니가 작은 친구를 괴롭히는 아이가 있어서 제가 못하게 했어요. 그래서 저랑 싸웠어요."

"친구랑 싸워서 속상했겠구나. 약한 친구를 도와준 건 참 잘한 행동이야. 그런데 친구를 괴롭힌 아이는 어떤 친구야?"

"엄마 아빠가 맞벌이라 집에 늦게 오세요. 학원에 다닌다고 하면서 PC방도 가고 밤늦게까지 일진 친구들과 어울려 다녀요."

"그렇구나. 그런데 무리로 지어 다니는 아이와 다퉜는데 괜찮니?"

"싸움이 커질 뻔했는데 함께 축구하는 친한 친구들이 제 편을 들어줬어요. 제 친구 중에는 어른만큼 큰 애도 있거든요."

"다행이구나. 처음부터 나쁜 친구는 없으니까, 내일 싸운 친구와도 화해하는 게 어떨까?"

"어렵겠지만 저도 그럴 생각이에요."

아이들은 경험이 부족합니다. 한 번도 싸우지 않은 아이라면 어떻게 싸

위야 하는지도 잘 모릅니다. 다툼을 슬기롭게 해결해나가는 모습을 보여
주는 것도 우리 어른들의 몫입니다. 귀한 내 아이일수록 잘잘못은 가리고
위로할 부분은 위로하는 것이 현명한 부모입니다.

아이가 앵무새처럼 말을 따라 해요

아이들이 언어를 배울 때나 상대방과 친하게 지내고 싶을 때 어느 순간 어른들이 하는 말을 따라 하는 경우가 종종 있습니다. 따라 하는 말에 반응을 하면 아이들은 더 재미를 느끼고 자꾸만 말을 따라 하죠. 이런 경우 반응을 보이지 않고 무시하면 금방 재미없어 합니다. 하지만 저는 이 방법보다는 다른 방법을 선택했습니다.

"재혁아, 이것 좀 도와줄래?"
"재혁아, 이것 좀 도와줄래?"
"너 아빠 말 따라 하니?"
"너 아빠 말 따라 하니?"
"하하하."
"하하하."

말을 따라 하는 아이는 재미있을지 모르지만 부모는 기분에 따라 당하는 입장에서는 짜증 날 때도 있죠. 하지만 저는 화를 내지 않고 차라리 영어와 천자문을 가르칠 수 있는 기회로 삼아보자 생각했습니다.

"Yesterday was Tuesday, August 18th, 2019"
"Yesterday was Tuesday, August 18th, 2019"
"Today is Wednesday, August 19th, 2019"
"Today is Wednesday, August 19th, 2019"
"Tomorrow will be Thursday, August 20th, 2019"
"Tomorrow will be Thursday, August 20th, 2019"

"이찌 니 상 시 고 로쿠 씨찌 하찌 큐우 주우"
"니찌 니 상 시 고 로쿠 씨찌 하찌 큐우 주우"
"아나타와 니혼진 데스카?"
"아나타와 니혼진 데스카?"

벽에 붙어 있는 천자문을 읽기 시작했습니다. 쉐도잉도 이런 쉐도잉이 없네요.

"하늘천, 땅지, 검을 현, 누를황, 집우, 집주, 넓을 홍, 거칠 황, 날일, 달월"

"하늘천, 땅지, 검을 현, 누를황, 집우, 집주, 넓을 홍, 거칠 황, 날일, 달월"

이런 식으로 30분 넘게 외국어와 천자문을 말했는데 아이도 끝까지 따라 했답니다. 영어 도서관이나 회화 솔루션 프로그램에 접속해서 큰소리로 영어 문장을 말해보세요. 아이와 함께 공부할 수 있는 절호의 기회입니다. 부모가 감정을 조절하고 지혜를 발휘하면 서로 윈윈하는 결과를 얻을 수 있습니다.

말 잘하는 아이로 키우고 싶어요

학교에서 발표나 토론대회에서 우수한 성적을 거두는 아이는 이유가 있습니다. 첫째는 토론하는 분야의 지식을 빠른 시간 안에 습득하고 가공한 다음, 남에게 전달하는 능력이 뛰어난 아이입니다. 책을 많이 읽은 아이들에게서 이런 특징을 볼 수 있습니다.

둘째는 어린 시절부터 부모와 밥상머리 대화를 아주 많이 나눈 아이입니다. 가령, 이런 이야기가 오가기도 합니다.

"잘 먹겠습니다."

"오늘 학교생활은 어땠어?"

"내일 도라지타령 발표를 해야 해요. 아직 안 외웠는데….'

"밥 먹으면서 들을까?"

아이의 말에 저는 노트북을 켰습니다. 유튜브에 접속해서 '도라지 타령'을 찾았더니 최근에 방송된 화면부터 개인이 녹화해서 올린 화면 수백 편이 나왔습니다. 유튜브의 좋은 점은 비슷한 노래를 자동으로 연속 재생을 해준다는 거예요. 밥을 먹는 동안 여러 버전의 도라지 타령을 들으며 아이와 즐거운 대화가 끊이지 않았던 기억이 납니다.

내성적이라 말을 안 할 수도 있겠죠. 하지만 일단 발표준비가 완벽하다면 아이의 태도에도 반드시 변화가 생깁니다. 제대로 연습하고 준비하지 않으면 아무리 말 잘하는 아이라도 주눅이 들 수밖에 없겠죠.

학교 과제는 매일 있죠. 맞벌이 부모는 아무래도 이 부분에서 아쉬움이 생기죠. 밤늦게 퇴근해서 아이의 준비물 챙기기에도 벅찬 게 현실이니까요. 그런 부모의 사정을 알고 있는 아이는 내일 숙제가 '도라지 타령 외워오기'라는 말을 꺼내지도 못합니다. 말을 꺼내봐야 본전도 찾지 못합니다. '넌 왜 이걸 이제 말하니?' 하는 타박만 받습니다.

아이가 혼자 해결할 수도 없습니다. 집에 있는 컴퓨터는 엄마가 비밀번호를 걸어두었습니다. 아이가 성인 오락물이나 게임에 빠지는 것을 방지하기 위해서죠.

결국 내성적인 아이로 만든 건 부모 아닐까요? 회사를 그만두란 말이 아닙니다. 부모 중 한 명이라도 아이와 함께 저녁을 먹으면서 밥상머리 대화를 나누기 위해 조금 더 노력을 해보자는 의미입니다. 함께 지내는 시간을 늘려야 아이가 원하는 것, 부족한 것을 알 수 있습니다.

아이가 욕을 해요

학생의 73%가 대화 중에 욕을 합니다. 자기방어나 강하게 보이기 위해서겠죠. 또는 상대에게 상처를 주기 위해서도 욕을 합니다. 하지만 욕을 뱉는 순간 자신이 먼저 그 욕을 듣게 되죠. 참 안타까운 현실입니다. 욕은 평상시 사용하는 단어보다 4배 이상 강하게 뇌에 각인됩니다. '욕은 나쁜 거야'라고 아무리 말해도 습관화된 욕을 멈추게 하는 건 너무 힘듭니다.

부모가 관심을 가지고 아이가 욕을 할 때마다 지적해주면 좋지만 24시간 옆에 있을 수 없습니다. 워낙 함께 있는 시간이 적기 때문에 아이가 언제 어떤 욕을 하는지 파악조차 안 되죠. 그렇다고 전혀 방법이 없진 않아요.

내 아이만은 욕을 하지 않을 거라는 믿음이 착각이라는 사실을 인정하세요. 대부분의 아이가 욕을 사용하고 있거든요. 아이들 세상에서는 욕이 언어에 가까워서 아무리 욕이 좋지 않다는 걸 아는 아이도 배울 수밖에 없는 상황입니다. 스트레스를 풀기 위해 욕을 한다고 하지만 자칫 오해가 생겨 아이들 그룹에서 큰 화를 입기도 합니다. 제 경우는 양파를 사용해봤어요.

어느 날 욕을 하는 아들을 보고 양파 두 개를 준비했죠.

"왜 그렇게 욕을 하니?"

"죄송해요. 친구들이랑 하던 게 습관됐나 봐요."

"오늘부터 욕하고 싶으면 이 양파한테 실컷 하도록 해."

"진짜 해도 돼요?"

"그래. 그리고 여기 이 옆에 있는 양파는 좋은 말을 듣는 양파니까 착한 말, 아름다운 말만 해야 해. 그리고 나중에 한번 같이 보자. 이 양파들에게 어떤 결과가 나타나는지."

"욕하면 양파가 죽기라도 해요?"

"실험 결과에 의하면 욕을 하면서 나온 침을 실험용 쥐에게 주입했더니 쥐가 죽는다는구나. 아빠도 궁금해."

아이는 제 말이 신기했는지 이리저리 꼬치꼬치 캐물었습니다. 저는 이번을 기회 삼아 욕이 자신에게 해가 돼 돌아온다는 과학적 근거와 심리적 바람을 담아 가르치는 기회로 삼을 수 있었습니다. 아이들이 성장하다 어느 순간이 되면 더 이상 어른 말을 귀담아 듣지 않습니다. 듣지도 않는 말을 백날 떠들어야 소용없습니다.

'백문이 불여일견'처럼 한 번 보여주는 것이 더 효과적입니다. 욕을 얻어먹고 자란 양파가 시들해지는 것을 보고 아이는 욕을 하지 않으려 노력했습니다.

닫힌 방문, 말하지 않는 아이

어느 날 수업 받던 아이 엄마가 상담을 요청했습니다.

"아이가 집에서 통 이야기를 안 해요. 그나마 아빠가 퇴근하면 겨우 말을 해요."

결국 이 집은 큰아이가 초등학교 2학년이 되기 전에 이혼했습니다. 아빠는 두 번째 이혼이고 엄마는 자신이 낳은 어린 아들만 데리고 집을 나갔습니다. 아이가 초등학교 1학년 때 집에 방문해 수업을 했는데 한 달 넘게 아이 목소리는 거의 듣지 못했습니다. 이유를 알지 못한 저는 '여자애들이 이런 경우도 있구나'라고 생각했습니다. 한편으로는 엄마가 아이에게 웃는 모습을 보여준 적이 없다는 것을 느꼈습니다. 3개월째 수업하면서 친엄마가 아니란 걸 알게 됐습니다.

엄마는 아이를 신체적으로 학대하지는 않았습니다. 단지, 말투에서 '뭐

저런 애가 다 있어'라는 느낌을 주고 있는 걸 알게 됐습니다. 아이는 말투에서 귀신같이 자신에 대한 새엄마의 마음을 알아차리고 자신을 보호하기 위해 장막을 쳤습니다. 입을 닫는 것으로요.

사실 친부모로부터 받는 학대도 무시할 수 없는 지경입니다. 아이들은 어린 자신의 생존을 위한 본능적 안테나가 달려 있습니다. 자신에게 정신적 육체적 학대를 가하는 사람을 감지하는 센서를 작동하죠. 하지만 아이들이 취할 수 있는 행동은 단순합니다. 말을 줄이거나 심한 반항 또는 가출을 하게 됩니다. 일주일에 5명의 학생이 자살을 선택한다고 해요. 아이가 이야기를 하지 않는다면 부모의 사랑과 관심이 부족한지 체크해봐야 할 신호입니다. 문제아는 없어요. 언제나 문제 부모만 있을 뿐입니다. 육아서를 정독하며 공부해야 하는 이유입니다.

맞벌이 부모라면 전화로 목소리를 자주 들려주세요. 그렇게 하기만 해도 아이들은 안정을 찾습니다. 말투에는 사랑과 부드러움이 담겨 있어야 합니다. 엄마들은 목소리 톤이 높기 때문에 잘못 들을 경우 비난 섞인 말투로 전달되는 경우가 있습니다. 스킨십만큼 확실한 대화도 없습니다. 틈만 나면 안아주세요. 그렇게 하기만 해도 꽁꽁 얼어 있는 아이의 마음이 눈 녹듯 열립니다.

'싫어요. 못해요'를 남발하는 아이도 바꿀 수 있을까요?

부정적인 언어를 사용하는 한 아이가 있었습니다. 수업 시간에 설명을 하고 직접 해보자고 하면 아이는 해보지도 않고 '못해요. 싫어요'를 남발합니다. 그래서 부모님과 상담했습니다. 첫 번째 상담에는 말씀을 하시지 않았지만 아이가 심각한 상태인 것 같아서 두 번째 상담을 했습니다. 아빠와 이야기를 나누면서 문제점을 발견했습니다. 아이의 부정적인 언어 습관은 아빠로부터 비롯되었습니다.

아빠는 남자 중학교 선생님인데 하루 종일 아이들에게 '하지마' 하고 소리친다고 합니다. 그 말버릇이 습관이 되어 집에서 사용했답니다. 아이가 다니는 학교나 다른 학원 선생님도 아이의 부정적인 언어 때문에 수업이 힘들다고 했답니다. 저와 상담 후 아빠는 잘못을 인정했고 고치겠다고 약속했습니다. 저도 수업 중에 아이에게 자신감을 심어주려고 노력했습니다. 약 3개월 후 아이는 부정적인 언어를 거의 사용하지 않게 되었습니다.

만약 이 아이를 1주일에 1~2번 만날 수 있다면 이렇게 빨리 고칠 수 없을 거예요. 월요일부터 금요일까지 매일 만날 수 있었기에 가능했습니다.

아이들 중에 유독 부정어를 달고 사는 아이가 있습니다. 어른이라도 부정적인 언어를 달고 사는 사람의 삶은 고단합니다. 강연장에 가면 일찍 오신 분들조차 뒷자석에 앉는 경우가 많습니다. 저도 그랬습니다. 아이가 태어나기 전에는 항상 뒷자리가 저의 고정석이었습니다. 강연이 끝나면 빨리 도망가기 위한 수단이기도 하죠. 아이가 태어나고 나서 뒤로 가기 싫어졌습니다. 글을 쓸 때도 부정어를 사용해야 할 때가 있으면 의식적으로 긍정적인 문장으로 수정하는 경우가 많아졌고요.

아이들 앞에서 '힘들다, 어렵다, 못하겠다, 싫다, 포기해야겠다' 이런 언어를 쓰지 않으려고 노력했습니다.

'힘들지만 할 수 있어, 어렵지만 노력하면 성공할 거야, 못하는 게 어디 있니? 될 때까지 하면 할 수 있어, 싫지만 이왕 해야 하는 거라면 즐기면서 하자, 포기는 내가 하지 않으면 없는 거야' 이렇게 생각을 전환하려 애썼어요. 두 아이가 모든 과목을 좋아하고 어려운 것도 노력해서 성공하려는 이유가 이런 긍정의 힘 때문 같아요.

"아빠, 이틀 후에 영어 발표하는데 안 외워져요."

"닭 대가리니? 그것도 못 외우고. 네 엄마 닮았나 보네. 때려치워라."

이런 대화가 오간다면 아이는 엄마를 볼 때마다 닭 대가리를 생각해요. 자신도 닭 대가리라고 여기고 포기하죠. 같은 질문, 다른 대답이 가져오는 결과를 보세요.

"아빠, 이틀 후에 영어 발표하는데 안 외워져요."

"그래? 힘들겠다. 아빠랑 같이 해볼까?"

아이에게 건네는 몇 마디 어투와 어삼 그리고 언어에서 만들어지는 결과는 정말 다릅니다.

대화할 시간이 없는 가족은
초단위 대화를 해야 한다

어쩔 수 없이 아이와 떨어져 살고 있는 경우라면 아이와 자주 통화하는 방법밖에 없겠죠. 하지만 이 귀한 시간에 공부하라고 말하는 건 금물이죠. 전화로 안부를 묻고요. 아빠는 이곳에서 오늘은 어떤 일을 했는지, 점심은 무얼 먹었고 맛은 어땠는지 그리고 가족이 무척 보고 싶다고 말해주세요.

요즘은 카톡으로 안부를 빠르게 전달할 수도 있고 이모티콘도 많잖아요. 아이에게 하트 이모티콘을 보내세요. 주는 것이 있으면 돌아오는 것도 있습니다. 사랑스런 이모티콘은 피로를 한 방에 날려줍니다. 일주일에 한 번 긴 메일을 보내보세요. 답장을 쓰는 아이의 사랑도 받을 수 있지만 논술 연습도 됩니다.

어느 날 기숙사 생활을 하는 아들이 갑자기 동생이 보고 싶다며 전화를 걸어왔어요.

"아빠, 시훈이가 보고 싶어요."

"잠시만 끊고 기다려볼래."

저는 곧바로 동생 시훈이와 형에게 보낼 1분짜리 동영상을 만들었습니다. 동영상에는 '하트, 보고 싶어. 사랑해. 밥 잘 챙겨 먹어' 같은 오글거리는 메시지를 넣어 카톡으로 투척했습니다. 덩달아 큰아이도 감동을 받았는지 고맙다는 인사와 함께 하트를 보내오더군요. 요즘은 지구 반대편의 소식도 1초면 영상과 함께 전해 듣습니다. 마음만 있다면 말입니다.

가끔 얼굴 볼 때 공부만 강요하지 마시고 학교 생활이 즐거운지 묻고 아이와 운동으로 소통을 하세요. 아이는 친해지면 소소한 것까지 다 말합니다. 그때 아빠가 해결해줄 수 있는 것을 처리하면 되겠죠.

발표와 토론을 잘하는 아이로
키우는 대화법

발표 잘하는 아이로 키우는 방법 5가지.

❶ 정보 검색하는 방법을 익힌다.

❷ 발표 자료를 스스로 만들어보게 한다.

❸ 발표할 분야에 책을 읽는다.

❹ 아이의 말을 존중하고 경청한다.

❺ 신문 구독으로 종합적 사고력을 키운다.

어른이 됐을 때 언어에 품격이 묻어나는 사람은 평소 쓰는 말투와 다독으로 얻은 언어가 대화에 어우러지기 때문입니다. 발표와 토론은 외워서 하는 게 아닙니다. 발표할 자료를 완벽하게 이해하고 있어야 가능하죠.

큰아이가 다니는 청심 국제중학교에서는 지필고사보다는 수행평가 비중이 월등히 높습니다. 토론이나 발표를 일반 중학교보다 많이 해요. 민

사고에서 진행하는 전국 중학생 우리말 토론대회에 참가한 적이 있습니다. 학생들에게 어떤 주제를 줍니다. 그리고 정해진 주제를 두고 찬반으로 팀을 나눕니다. 주제에 따라 찬성이 유리한 경우가 있습니다. 그렇다 해도 반론을 잘하면 토론의 승자가 되는 거죠. 아이가 민사고 토론대회에서 우승을 했습니다.

이유를 꼽으면 첫째는 팀워크였습니다. 한 명은 주제를 정리하고, 한 명은 반론을 준비하고, 한 명은 마무리를 짓는 발표를 준비합니다. 한 명이라도 준비가 소홀하면 팀이 질 확률이 높아집니다.

두 번째는 토론 주제를 제대로 파악하고 준비를 철저히 한 것에 있었어요. 반박할 자료를 정리하고 상대가 어떻게 나올지 미리 대비해둔 것이죠. 토론에 비해 발표는 쉽습니다. 주제에 대한 정보를 찾고 정리한 다음 외우면서 이해하면 됩니다.

학교에서, 국회에서, 청문회에서, 대통령을 뽑을 때도 토론이 각광 받는 이유는 종합적 사고력을 요구하기 때문입니다. 종합적 사고력은 어렸을 때부터 읽은 신문의 영향도 있습니다. 다양한 분야의 책을 읽은 것도 도움이 됩니다. 부모와 나눈 대화 역시 지대한 영향을 미칩니다.

신문과 책에 노출시키는 일은 노력하면 같은 결과를 얻을 수 있어요. 오늘 배달된 신문 기사 내용은 전국 어디라도 같으니까요.

중요한 건 부모로부터 물려받는 대화체입니다. 긍정적인 부모에게서는 긍정적인 마인드를 물려받습니다. 책을 1000권 이상 읽은 부모와의 대화는, 대학원 2곳 이상 졸업한 것과 맞먹는 지식을 배경으로 생활하며 대화한 결과물인 셈입니다. 신문을 20년째 꼼꼼히 읽고 있는 부모라면 대학원 10곳을 졸업한 지식과 경험을 지니게 됩니다. 이런 부모 밑에서 대화하며 자란 아이와 퇴근 후 스마트 폰을 놓지 못하고, 드라마와 게임을 즐긴 부모 밑에서 대화하며 자란 아이는 너무나 큰 차이가 납니다.

이 아이들이 자라서 학교에서 만나면 어떤 일이 벌어질까요. 상위권과 하위권은 이미 결정이 난 상태나 다름없죠.

어릴 적 학창 시절에 '왜 나는 1등하는 아이들을 못 따라갈까? 1등은 어떻게 할 수 있을까?'를 고민한 적이 있었습니다. 당시 반에서 1등을 하던 아이 부모님은 의사와 학교 선생님이셨어요.

어린 마음에 학교 선생님이 문제를 미리 빼서 자기 자식에게 줄 수도 있겠다는 생각이 들었습니다. 사실 그 아이는 그것 이상을 부모로부터 받은 거겠죠. 저도 그런 부모가 되고 싶었습니다.

발표와 토론을 잘하는 것도 부모 잘 둔 덕일 수 있습니다. 부모가 언론인이면 더 유리할 수도 있고요. 하지만 우리 평범한 부모도 모두 위대합니다. 이제부터 우리 부모들도 1000권 읽기에 도전해봅시다. 저처럼 부족한 사람도 성인 단행본 1000권을 넘게 읽었더니 삶이 달라지고 세상 보는 눈이 달라집니다.

⁂ 대화 비법 추천 도서

* 『아이를 잘 키우는 16가지 심리 법칙』
* 『엄마가 진짜 진짜 모르는 미운 일곱 살의 심리』
* 『육아 천재가 된 코믹 아빠』
* 『하루 10분 자존감을 높이는 기적의 대화』

창의력은 대화에서 꽃피운다

창의력을 키우는 일등 공신은 놀이입니다. 두 번째 공신은 책입니다. 죽을 때까지 책과 놀이, 운동을 가까이하면 창의력은 상승 곡선을 그리며 올라갑니다. 노인을 불타는 도서관이라고 하는 것도 같은 맥락입니다. 하지만 그 불타는 도서관은 제각각 다릅니다. 어떤 도서관은 이동 도서관이고 어떤 도서관은 작은 동네 도서관이고 또 어떤 도서관은 대학교 도서관입니다.

아이들은 저마다 집 안에 이동 도서관 2개와 함께 살아갑니다. 어떤 집은 이 이동 도서관에 책이 없습니다. 운전기사가 책을 채우려는 노력을 하지 않았기 때문이죠. 기나긴 가족의 삶을 운행하는 데 책을 챙기지 않았습니다. 참으로 비극적인 상태가 아닐수 없습니다.

아이의 상상력과 창의력은 책과 경험이 발현되어 나타납니다. 창의력은 새로운 생각입니다. 세상에 없는 개념을 찾아내거나 기존의 생각으로 틀을 깨는 힘입니다. 저는 창의력을 생각하면 항상 개그맨이 먼저 떠오릅니다. 3분도 되지 않는 짧은 코너를 개그로 승화시키기 위해 개그맨들이 모여 아이디어 회의를 6시간 넘게 한다고 합니다. 개그는 창의력과 동의어입니다. 개그는 평범한 사람들이 생각하고 있는 틀을 180도 뒤집어 생각합니다. 개그맨들의 대화나 몸짓을 보면 창의력을 위해 얼마나 노력했는지 알 수 있습니다.

아이패드와 아바타는 창의력과 융합을 대표하는 키워드입니다. 세상에 없던 새로운 제품과 생각입니다. 하지만 기존에 존재했던 것들을 기반으로 새롭게 융합되어 탄생되었습니다. 창의력은 더 깊이 관찰하고 더 오래 생각하면서 꽃피웁니다.

아이가 봐달라고 할 때 하던 걸 멈추고 아이를 봅니다. 아이가 놀아달라고 할 때 놀아줍니다.

아이가 질문할 때 그 질문에 대해 함께 생각합니다. 아이가 힘들다고 할 때 그 마음을 알아줍니다.

아이가 책을 읽자고 합니다. 아이가 여행을 가고 싶다고 합니다. 아이와 나누는 모든 대화가 창의력을 키우는 순간입니다. 이런 마음을 부모가 헤아려야 가능한 일입니다.

매일 아침 "I love you"의 효과

영어 실력 키우는 대화법 3가지.

❶ 생활 영어 100문장 외워서 매일 말해주기

❷ 집 안 곳곳에 생활 영어 문장 붙여놓고 큰소리로 읽기

❸ 준비한 생활 영어를 사용할 포인트를 기다려 사용하기

어린아이는 언어의 기초를 부모의 행동과 말에서 얻습니다. 행동은 원어민이나 한국사람이나 모두 비슷합니다. 결국 대화와 표정에서 결정이 납니다. 프리토킹이 힘든 영어 실력을 가진 부모는 간단한 생활 영어부터 시작하는 것이 좋습니다. 바쁜 아침이지만 아침에 영어를 해야 합니다. 저녁에는 밥 먹고 설거지 후에 학교 숙제를 챙깁니다. 여유가 있다면 독서 타임을 가집니다. 그러니 영어로 대화할 수 있는 가장 좋은 시간은 아침 시간입니다. 아직 잠을 자고 있는 아이를 안으면서 간단한 영어로

깨워보세요.

"I love you."

엄마의 짧지만 부드러운 이 문장을 해석하면 다음과 같습니다. '아가, 엄마는 너를 사랑한단다. 너의 잠든 모습이 너무나 사랑스럽지만 지금 내가 깨우지 않으면, 오늘 아침 교실에서 한자 적는 시간을 놓칠 수 있어. 마음이 아프지만 이제 일어나야 해. 엄마는 너를 위해 맛있는 아침을 준비했단다. 네가 좋아하는 갈치도 구웠어. 어서 일어나서 세수하고 옷을 입어야지. 사랑해.'

아침에 한 번, 잠잘 때 한 번, 딱 두 번이면 됩니다. 유창한 영어로 대화하는 건 어렵기도 하고 필요도 없습니다. 처음 생활 영어를 시작한다면 이 문장만 기억하고 사용하면 됩니다. 한 달만 사용해보세요. 그리고 이 문장이 충분히 몸과 정신을 지배할 때 중학교 수준의 생활 영어 100문장을 시작해보세요. 인터넷에 있는 것도 좋고 책에 있는 생활 영어 문장도 좋습니다. 엄마가 'I love you'를 시작한 지 3년이 지나면, 아이는 영어를 좋아하는 아이로 변합니다.

말버릇이 없는 아이에게 특효약

　부산에 살던 아이가 초등 1학년이 되어 서울로 이사를 간다고 금방 서울 말투를 사용하지 않습니다. 일정 기간 서울에 살면서 친구들과 어울려 지내며 대화를 나누다 보면 자연스레 변합니다. 마찬가지로 아이가 말하는 게 버릇없다면 환경적으로 반말을 주로 사용하거나, 생각 없이 말을 입 밖으로 내뱉는다는 의미겠죠. 아이는 어디서 배웠을까요? 부모 또는 친구들입니다.

　"여보, 이거 치워줘."

　"당신이 해."

　"바쁘니까 좀 도와줘."

　"나도 바쁜 거 안 보여."

　"야!"

　"왜?"

부모는 결혼을 하고 한날한시에 성인이 됩니다. 첫 만남은 언제나 존 댓말로 시작합니다. 조금 친해지면서 서로에 대한 애정을 확인하면 말을 놓게 되죠. 조금 더 지나면 자주 싸우는 남매 같습니다. 이 습관이 아이 가 태어나도 계속 이어집니다. 아이는 엄마 아빠가 사용하는 말투를 단 번에 익힙니다.

"우리 아기 밥 먹자."

"안 먹어."

"그럼 밥상 치운다."

"치워."

이런 말투는 서로 가깝다는 증거도 되지만 자칫 습관이 되면 아예 존댓 말을 사용하지 않을 수 있어요. 존댓말은 상대를 높여줄 뿐만 아니라 말 하는 사람의 인격까지 높여줍니다. 존댓말은 언어 능력과 인성에까지 영 향을 미칩니다. 아이의 잘못을 혼낼 때도 평소에 존댓말을 사용했다면 상 황이 많이 달라집니다. 아이가 거실에서 뛰어다니는 똑같은 상황일 때 세 가지 반응을 살펴보면 해답이 보입니다.

예1 : "너 이 새끼 이리 와. 내가 뛰지 말라고 했지."

예2 : "너 엄마가 뛰지 말라고 했다. 경고 두 번 받으면 맞을 줄 알아."

예3 : "거실에서 뛰지 마세요. 아래층에서 아저씨가 올라올 것 같아요."

첫 번째는 욕을 달고 사는 엄마입니다. 두 번째는 물리적인 힘을 가하는 엄마입니다. 세 번째는 경어를 사용했습니다. 어떤 표현이 아이의 마음을 움직일까요? 아이가 태어나면 부부 간에 경어를 사용하는 것이 좋습니다. 부모가 서로에게 경어를 사용하는 모습을 보고 자란 아이는 경어가 자연스럽습니다.

"어머니, 밥 잘 먹었습니다. 정말 맛있었어요. 제가 먹은 밥그릇은 제가 치울게요."

"네, 맛있게 먹어줘서 고마워요."

오글거려서 실천하기 어색할 수도 있지만 아이의 표현력과 인성에는 특효약입니다.

따뜻한 사람으로 길러내고 싶어요

교육 코칭을 하다 보면 똑같은 패턴을 설명했을 때 한두 번 설명으로 감을 잡는 아이가 있고, 백 번을 넘게 설명해도 못 알아듣는 아이가 있습니다.

"야! 너 이거 몇 번째 설명했는데 아직도 모르니? 닭 대가리야?"

어려운 영어 문장이나 개념은 77번 반복해야 익혀진다는 통계를 접하지 않았다면 이렇게 말했을 거에요. 답답하시만 속으로 삭힙니다. 그리고 말합니다.

"괜찮아, 우리 뇌는 까먹게 돼 있어. 안 까먹으면 그게 로봇이지. 안 그래? 익힐 때까지 몇 번 더 연습해보자."

같은 말이라도 상대가 들을 때 기분이 나쁘지 않아야 합니다. 아내가 남편에게 하는 말도 같은 맥락입니다.

"쥐꼬리만 한 월급으로 어떻게 한 달을 버텨요. 회사에서 월급 안 올려주면 때려치워요."

"당신이 이렇게 열심히 일하는데도 회사가 몰라줘서 많이 속상해요. 월급 조금만 올려줬으면 좋겠어요."

앞의 표현은 아내가 회사를 욕하는 건지, 남편을 욕하는 건지 알 수가 없습니다. 듣는 남편은 한없이 작아집니다. 뒤의 문장은 회사를 원망하는 것 같지만 사실 남편을 걱정합니다. 이 표현에 남편은 체면도 살고 더 열심히 일할 생각을 합니다. 상대를 따뜻하게 만드는 대화는 내 입장에서 말하지 않는 것입니다. 상대의 입장이 되어 듣고 싶은 말을 하면 됩니다.

아이에게도 마찬가지입니다. 마음도, 말도 따뜻한 아이로 길러내고 싶다면 대화하기 전에 꼭 생각하고 이야기하세요.

칭찬과 격려는 아이의 눈높이에서

아이가 칭찬 받을 만한 행동을 했을 때 칭찬하는 방법은 간단합니다.

"와, 너무 잘했다."

"넌 이것도 할 수 있어? 대단해."

"엄마를 도와주니 이젠 다 키웠네. 고마워."

칭찬보다는 무언가 일이 잘못되었을 때 격려하는 것이 훨씬 어렵습니다. 잘못 격려했다가는 관계가 더 나빠질 수 있습니다.

"엄마는 너만 할 때 이런 대회에 참가하는 건 꿈도 못 꿨어."

아이가 대회에서 원하는 성적이 나오지 않았을 때 이런 말을 합니다. 실제로 상을 타는 것만 중요한 게 아닙니다. 참가하는 데 의미를 둬야 맞지요. 처음으로 참가하면 대회가 어떻게 진행되는지 경험하게 됩니다. 두 번째 참가할 때는 처음 참가했을 때보다 잘 준비할 수 있습니다. 경험이 쌓이고 운이 좋으면 세 번째 참가할 때는 상을 받을 수도 있습니다.

아이가 학교 성적이 좋지 않아 크게 실망하고 있을 때, '그러게 내가 열심히 공부하라고 했지. 창피하다. 창피해'라고 말하면 아이는 부모에 대해 공격성을 품게 됩니다. 반대로 "이제 올라가면 돼지. 마음 편히 먹어. 엄마도 예전에 꼴찌한 적 있어"라고 말해주면 아이 마음이 얼마나 편하겠어요. 아이의 하위권 성적은 부모의 하위권 양육 형태에서 비롯됩니다. 그러니 현실을 인정하고 아이가 성적 때문에 상처받지 않도록 해야 합니다. 칭찬과 격려는 아이의 눈높이에 맞춰야 하고요.

그렇다고 무작정 잘될 거라고 영혼 없이 격려하면 아이는 이렇게 응대하겠죠.

"엄마가 알긴 뭘 알아? 내 입장에서 한 번이라도 생각한 적 있어?"

그렇습니다. 아이의 마음이 표출되는 건 두 가지입니다. 행복한 삶을 포기하고 단념하거나, 부모나 주변 사람에게 공격적으로 나오는 것 말입니다. 아이의 다친 마음을 치유하는 방법은 부모의 공감뿐입니다.

맞벌이 부부라 대화할 시간이 부족해요

이런 질문을 받으면 아이와 소통할 마음이 없는 부모라 판단됩니다. 그런데 의외로 이런 질문을 많이 받습니다. 가정 방문 교사 시절, 처음 방문한 어느 집이 있었습니다. 일반적으로 아이와 부모가 함께 상담을 받고 수업 방향을 설명합니다. 그런데 이 집은 전화 상담으로만 가입을 하더군요. 부모는 일 때문에 바쁩니다. 수업 때 집에 가 보니 지역에서 가장 큰 평수의 아파트에 살고 있었습니다. 초등 2학년 남자아이 혼자 있다고 했습니다. 아파트 초인종을 눌러도 집안에서는 인기척이 없었습니다. 부모님께 전화를 걸자, 아이가 분명 집에 있다며 비밀번호를 알려주더군요.

이때부터 일반 가정과 차이를 느꼈습니다. 아이 이름을 불렀지만 대답이 없었습니다. 엄마가 알려준 대로 아이 방을 노크하고 들어갔습니다. 아이는 책상에 엎드려 있었습니다.

"민호야, 오늘부터 수업할 선생님이야. 괜찮아?"

아이는 꼼짝도 하지 않았는데 흐느끼는 소리가 들렸습니다. 저는 아이의 등을 가볍게 두드려주었습니다.

"물 한 컵 가져다줄까?"

"네."

물을 마시고 진정한 아이에게 저는 왜 그렇게 슬프게 울었는지 물었습니다. 처음엔 머뭇거렸지만 이유를 설명했습니다. 부모님이 신발 매장 등을 7개나 운영해서 너무 바쁘답니다. 아빠 얼굴을 보는 시간이 하루 5분도 되지 않는답니다. 아빠 얼굴이 어떻게 생겼는지 기억도 잘 나지 않고, 엄마 얼굴도 아침에 잠깐 볼 수 있다고 합니다.

학교 준비물이나 숙제를 체크해준 적도 한 번도 없다고 원망했습니다. 말하는 내내 아이 눈에서는 굵은 눈물이 계속해서 흘러내렸습니다. 그날 저도 함께 많이 울었습니다. 집으로 돌아오면서 많은 생각에 잠겼습니다. 당시 저는 분유값도 없어서 힘든 시절이었습니다.

그날도 큰아들 분유 걱정에 발걸음이 무거운 날이었습니다. 경제적으로 풍족한 부모 밑에서 자라는 아이라도 부모가 함께하지 않으면 깊은 상처를 받을 수 있다는 것을 처음으로 깨달은 날입니다. 가난하고 일이 많지 않아도 가족이 함께하면 행복할 수 있음을 알았습니다.

입만 열면 거짓말을 하는 아이 때문에 속상해요

초등학교 저학년까지는 자기중심적인 생각이 강합니다. 세상의 모든 일을 자신을 중심으로 바라보고 말하죠. 그건 어른들도 마찬가지입니다. 예쁘지 않은 사람에게도 예의상 예쁘다고 말합니다. 일상이 거짓말인 사람들도 있습니다.

일관성 없는 말과 행동을 하는 부모도 있습니다. 아이들이 평소에 이런 말을 듣고 자랐다면 거짓말이 나쁘고 위험하다는 것을 느끼지 못합니다.

『양치기 소년』 같은 이야기를 읽어주며 진지하게 알려주는 방법도 있지만 책 속에 이야기라 가슴 깊이 다가오지 않을 수 있습니다. 지인 중에 경찰관이 있다면 직접 체험하게 하는 것도 좋습니다. 법원에서 재판하는 모습을 보여주는 것도 좋습니다. 살고 있는 지역에 법 체험을 할 수 있는 솔로몬 파크라는 곳이 있습니다. 자주 이용했어요.

"기립하세요. 재판장님 들어오십니다."

폭력에 관한 법률 위반으로 진행된 재판이었습니다. 귀엽게도 두 아이는 자신도 모르게 바짝 긴장했어요.

"피고인 그날 있었던 일을 말해보세요."

"제가 술을 먹고 있었는데 갑자기 싸가지 없는 놈이 저에게 시비를 걸었어요. 제가 나이가 많아요. 형이거든요."

"피고인 욕은 삼가세요."

"네, 죄송합니다."

"계속하세요."

"입만 열면 거짓말을 해서 제가 훈계 좀 했습니다. 그랬더니 제 먹살을 잡잖아요. 그래서 주먹으로 얼굴을 살짝 쳤는데 이빨이 2개 부러졌다고 하는데 그것도 거짓말이에요. 그 이빨은 예전에 다른 사람과 싸워서 부러졌거든요. 제가 알아요."

재판이 끝날 때까지 아이들은 엄숙함 그 자체를 유지했습니다. 그리고 잘못된 행동을 하면 사회적으로 제약을 받게 된다는 사실을 확실히 깨달았습니다.

성에 대한 질문에 답하다

"아빠, 아이는 어떻게 태어나요?"

아이의 질문에 《Why》시리즈의 '사춘기와 성'을 권해주었습니다.

아이는 책을 읽으면서 여러 가지 질문을 했어요. 책이 없었다면 질문에 답변하는 것이 난감했을 거 같아요.

"엄마는 자연분만을 하셨어요? 제왕절개하셨어요?"

"네 머리가 너무 커서 아무리 해도 나오지 않아 엄마가 위험해서 제왕절개 수술을 해서 낳았어. 여기 배 봐. 지금은 이렇게 성장했지만 모두 엄마 배 속에 있었지."

그날 아이는 포경과 생식기 그리고 정자와 난자에 대해 궁금한 점을 모두 해소했습니다. 그리고 이 기회를 통해 아직 어리지만 책임에 대해서도 말해주었습니다.

"여자 친구를 사귀더라도 임신은 조심해야 한다."

"저도 성교육 책도 읽고 학교에서도 성교육을 받아 알아요. 걱정 마세요."

성교육을 은밀한 곳에서 친구들과 실습하며 배우면 문제가 됩니다. 그러니 아이와의 대화가 중요합니다. 대화를 하려면 부모가 아이와 함께하는 시간을 많이 가질 수 있도록 노력해야 합니다. 성교육에 대한 대화를 나눌 때도 부모의 사랑과 관심이 필요합니다.

★★★ 수학 선행 순서 ★★★

1. 유아 시기와 초등학교 4학년까지는 생활 수학 놀이와 수학 동화로 접근한다
2. 초등학교 5학년 때부터 수학 선행을 시작한다
3. 중학생이 되면 고등 수학 선행과 과학 선행도 병행한다

〈 4장 〉

수학은
지름길이 없다

─ 수학 비법

수학은 지름길이 없다

초등학교를 졸업할 때까지 수학은 아이에게 너무 쉬운 과목이었습니다. 그러나 중학생이 되자 상황이 달라졌습니다. 중학교에 입학해서 첫 시험을 치르면서 아이는 비로소 수학이 그리 만만한 상대가 아니라는 것을 느꼈습니다. 게다가 동기생 중에는 수학 귀신이 많았지요. 선행학습이 이유였습니다. 초등학교 졸업 때까지 아이가 수학 선행을 원치 않았고 저도 그리하라고 했지요. 수학은 개념을 잡은 후 기본 문제 풀이와 중급 그리고 고급 심화 문제로 이어지죠.

수포자들은 기본적인 문제 풀이에서 헤매는 경우가 많습니다. 성적이 하위권을 맴돌다 결국 수포자로 전락합니다. 고급 심화 문제까지 여러 번 반복해서 풀어본 아이가 상위권으로 갑니다. 하지만 고급 심화 문제는 선행학습 없이는 쉽게 풀리지 않습니다. 영재나 천재가 아니라면 말입니다.

아이가 수학의 벽에 부딪히고 난 뒤에야 깨닫게 되었습니다. 모두가 선행을 하지 않으면 상관이 없습니다. 영화관에서 맨 앞줄이 일어서면 두 번째 줄부터는 앞줄 때문에 모두 일어서서 영화를 보는 꼴입니다. 대한민국 시스템이 이렇게 돌아가고 있습니다. 영화관 맨 뒷줄에 서 있던 사람들이 '우리 모두 앉아서 봅시다'라고 말을 해도 모두 눈치만 볼 뿐 앉는 사람이 없습니다. 그러면 뒷자리에서도 서서 볼 수밖에요.

모든 학문의 기초는 수학입니다. 생활의 80%가 수학과 관련 있습니다. 공대를 졸업했지만 대학을 졸업하고 살면서 미적분을 써 먹은 적이 없습니다. 그런데 모든 아이가 일률적으로 어려운 수학 문제를 풀고 있습니다. 대학에 들어가서 미적분이 꼭 필요한 분야의 학생들만 배우는 시스템으로 가야 수학으로 상처받는 아이가 줄 거라 생각합니다.

손가락으로 시작하는 수학

수학, 물리, 화학 공부하는 순서.

❶ 놀이로 생활 수학을 넣는다.

❷ 다독으로 사고력과 이해력을 키운다.

❸ 글자를 깨치면 매일 3~5장 계산 문제를 풀게 한다.

❹ 각 학년마다 개념을 철저히 익힌다.

❺ 개념이 완벽하면 실력 문제십을 풀게 한다.

❻ 실력 문제를 어렵지 않게 풀면 심화 문제를 푼다.

❼ 부모나 교사는 아이가 이해하지 못하는 문제를 풀 수 있도록 조금씩 힌트를 주
　며 스스로 풀도록 한다. 시간이 오래 걸려도 스스로 생각하게 한다.

❽ 중학교 3학년 심화까지 끝낸 아이는 물리, 화학 공부를 시작한다.

아이가 손가락을 굽혀 숫자를 셀 때부터 수학은 시작됩니다. 아이들에

게 수학은 재미있어야 합니다. 그러니 수학을 언제부터 교육해야 할까를 고민하기에 앞서 어떻게 수학의 재미를 알려줄지를 고민해야 합니다.

제 아이는 숫자를 알기 시작하면서 『기탄 수학』을 풀었습니다. 매일 세 장 이상 풀도록 했습니다. 계산식을 틀리지 않으려면 훈련이 필요합니다. 수학은 습관입니다. 수학이 재미있어야 하기에 수와 관련된 놀이를 주로 했습니다. 탁구공을 튕기며 숫자 세기, 바둑을 두면서 곱셈 익히기, 탁구 시합 놀이로 화이트보드에 덧셈과 뺄셈 익히기, 강낭콩에 깃발 세워두고 구구단만큼 빼기 놀이, 한글 프로그램으로 표 안에 있는 숫자 자동 채우기 놀이, 엑셀로 수와 친해지기 놀이, 구구단을 외자 시합 놀이, 박수 한번 시작 놀이, 자동차 번호판 덧셈 놀이 등이 있습니다.

이런 놀이를 부모가 미리 익혀서 아이와 함께할 타이밍을 찾아야 합니다. 놀이 수학으로 재미를 붙였더니 아이는 수학 문제집을 습관처럼 풉니다. 물론 그래도 가끔은 수학이 힘들다고 하지만요.

선행을 하지 않았더니 큰아이가 국제중학교에 입학하고 치르는 첫 중간고사에서 수학 성적이 바닥이었습니다. 당황한 아이와 저는 중1 여름방학 때 아파트에 있는 독서실 자리를 2개 예약했습니다. 그리고 중1 수학 과정을 공부했습니다. 중1 겨울방학 때 또다시 아파트 독서실에서 중2 수학 과정을 공부했습니다. 옆에 앉아 있기는 하지만 아빠가 수학 문제를 풀어주진 않았습니다.

　저는 옆에서 제가 좋아하는 책을 읽으며 같은 공간에 함께 있었을 뿐입니다. 수학은 아이가 스스로 풀게 했습니다. 생각하다가 잘 풀리지 않으면 '바로풀기' 앱을 이용해서 질문하게 했습니다. 엄마나 아빠가 수학을 잘해야 아이도 수학을 잘하는 건 아닙니다. 다양한 플랫폼을 이용하도록 도와주면 됩니다. 중2 여름방학 때는 중3 수학 과정을 공부했습니다.

　그렇게 해서 중2 겨울방학 때부터 고등 수학을 공부하기 시작했지요.

　"아빠, 오늘 미분과 적분에 대해 배웠는데 소름이 돋았어요. 너무 황홀했어요."

　아마 초등학교 졸업까지 고등 수학까지 선행을 시켰다면 수학 문제를 풀다가 이렇게 황홀한 경험을 하지 못했을 겁니다.

　둘째 아이는 초등 4학년까지 수학 학원을 1개월 다녔습니다. 5학년에 대치동으로 이사오면서 본격적으로 수학 학원을 보내달라고 하여 5학년 올라간 후부터는 수학 학원을 보냈습니다. 첫날 수학 학원에 다녀온 아이는 눈물을 흘렸습니다.

　"왜 울어?"

　"전 늦은 것 같아요."

　"뭐가 늦어?"

"오늘 초등학교 2학년이랑 같이 수업 들었는데, 그 아이는 벌써 6학년 수학하고 있어요. 그래서 창피해요."

"집으로 오시는 수학 선생님에게 배울까?"

"엄마가 이곳이 저에게 맞는 것 같다고 했어요. 도전해볼게요."

아이는 메타인지로 자신의 수학 실력을 정확히 파악하고 열심히 수학 문제를 풀기 시작했습니다. 약 1년 만에 초등 5학년부터 중3 심화 문제까지 소화하게 되었습니다.

"아빠, 수학은 어느 정도 된 것 같으니 물리와 화학 학원에 보내주세요."

아이는 9개월 만에 물리와 화학 고등 올림피아드 반에서 공부하게 되었습니다. 수학과 물리, 화학은 실과 바늘처럼 성적이 비슷하게 가는 경우가 많습니다. 수학이 되지 않은 상태에서 물리와 화학 수업을 들으면 무슨 내용인지 감을 잡기 힘듭니다.

일상생활에서 수학 익히기

　네이버 책 검색에 '수학동화'라고 입력해보세요. 관련 도서가 3551권이 나옵니다. 이 목록을 참고해서 살고 있는 지역 도서관에서 책을 빌립니다. 미리 사이버 도서관에 검색하면 도서관 이름과 해당 도서관에 몇 권이 소장되어 있는지 보여줍니다. 목록을 살펴보고 빌리고 싶은 책의 청구 기호를 적습니다. 도서관에 가서 다시 컴퓨터 앞에 줄을 서지 않으려면요. '수학동화'는 청구 기호가 410으로 시작됩니다. 410으로 시작하는 코너에 가면 수학 관련 책이 가득합니다.

　부모의 역할은 수학을 공부할 수 있는 환경을 제공하는 것입니다. 아이가 스스로 도서관이나 서점에서 수학 관련 책을 빌려오거나 구매하지 않기 때문입니다.

　"엄마, 여긴 어디예요?"

"도서관이야. 기다려봐."

6학년 정도로 보이는 남자아이와 엄마가 공공 도서관을 처음 방문한 것 같았습니다.

"여기서 책 좀 빌리려고 하는데 한 권에 얼마죠?"

"공공시설이라 무료입니다."

"엄마 무료래. 공짜야."

이 아이는 13세가 되도록 도서관을 한 번도 이용하지 않았나 보더라구요. 아이의 부모가 도서관이 얼마나 좋은지 몰랐던 탓이겠지요. 도서관은 세금으로 지어진 건물입니다. 사서 선생님도 우리가 낸 세금으로 월급을 줍니다.

도서관만 제대로 이용해도 내가 내는 세금의 수백 배를 되돌려 받을 수 있습니다. 우리 가족이 도서관에서 읽고 빌린 책을 합하면 1만 권이 넘습니다. 한 권에 1만 원씩만 계산해도 1억 원 이상의 혜택을 받은 셈이죠. 아이가 태어나고 19번을 이사하면서도 도서관 근처를 고집한 이유가 이제는 이해될 겁니다. 수학동화만 해도 각각의 도서관에 조금씩 다른 책들로 가득합니다.

이렇게 독서를 생활로 끌어오면 됩니다. 수학도 마찬가지에요. 우리의 주식인 쌀 20Kg에 50,000원이죠. 무게나 가격도 수학입니다. 수학을 알아야 제대로 돈을 지불하죠. 1Kg을 구입하는 것이 좋은지 20Kg을 구입해야 더 저렴한지 수학이 필요해요.

컴퓨터는 0과 1로 이루어진 2진법을 사용하고요. 사람은 손가락이 열 개라 10진법을 사용합니다. 전기 요금 계산, 벽지는 얼마만큼 주문을 해야 모자라거나 남지 않는지도 수학이 있어서 편리합니다. 바지 길이, 옷 치수, 복용약의 양, 아파트 구입 시 평수와 지불할 돈, 주식 시세 등 생활에 수학이 연관되지 않은 것은 찾아보기 힘듭니다. 그러니 일상 생활에서 아이와 대화만 잘 나눠도 수학을 잘할 준비가 된 아이로 성장시킬 수 있습니다.

수학은 재미없는 과목?

지금 현직에 계신 수학 선생님들은 왜 수학 교사가 되었을까요?

우리가 생각할 때 수학은 재미없는 과목인데 말입니다. 이유는 간단합니다. 수학을 사랑하니까요. 수학 선생님은 학창 시절 다양한 경로로 수학을 사랑하게 됩니다. 다른 학문과 달리 정답이 딱 떨어지는 매력 때문일 수도 있고요. 예쁘고 멋진 수학 선생님을 만나 선생님께 잘 보이려고 수학 공부를 열심히 하다 보니 수학자의 길을 걷게 된 것일 수도 있습니다. 대학이 목표라 어쩔 수 없이 수학 공부를 한 경우도 있고요. 먹고 살기 위해 수학을 시작했는데 직업까지 갖게 된 경우도 있습니다. 다른 학문의 기초가 수학이라 공부하는 경우도 있습니다. 어찌 됐건 수학을 잘하려면 좋아하게 만드는 것이 우선입니다.

수학은 보기에 따라 암기과목이라고 하기도 하고, 먼저 이해를 해야 하는 과목이라고도 합니다. 주어진 문제에 따라 공식을 암기하면 쉽게 풀리기도 합니다. 또 공식을 몰라도 이해만 하면 문제를 해결할 수도 있지요. 그러니 암기도 필요하고 이해도 필요한 과목이겠네요.

수학 공부는 스토리텔링으로 접근하는 것이 좋습니다. EBS 'MATH'를 이용하면 좋습니다. 개념부터 심화까지 학습할 수 있고, 다양한 테마를 가진 '수학 시리즈'가 흥미롭게 아이들을 수학의 달인으로 안내합니다. 사교육비 경감과 수학의 대중화를 목표로 만들어져서 부담도 없습니다. 애니메이션 형태로 만들었기 때문에 아이들이 즐겁게 수학의 개념을 잡을 수 있습니다. 사이트 주소는 www.ebsmath.co.kr입니다.

수학을 잘하려면 먼저 수학 용어의 개념을 완벽히 이해하고 외워야 합니다. 수학 문제를 풀 때 모르는 용어 때문에 문제가 이해되지 않는 경우가 많습니다. 제곱근의 성질, 무리수와 실수, 대푯값과 산포도, 유리수와 순환소수 등 아리송한 수학 용어가 많습니다. 개념을 잡을 때 용어 정리를 확실히 정립해서 외워두지 않으면 수학은 배워도 또 까먹게 돼죠. 수학의 달인들은 말합니다. 개념을 잡고 기본 문제를 풀고 또 풀어라. 그리고 시간이 남는다면 심화 문제를 풀어라. 수학 역시 반복이 답입니다.

대치동의 유명 수학 학원의 경우 특목고 수업을 이렇게 진행합니다. 서울에 있는 이름 있는 유명 고등학교의 기출문제 1000문제를 풀게 합니다.

이 기출 문제를 벗어나는 유형의 문제는 없습니다. 수학은 많이 푸는 것이 왕도입니다. 수업 방식도 자습 형태가 많습니다. 교실에서 각각 자신의 수준에 맞는 문제집을 풀다가 문제가 도저히 풀리지 않으면 손을 들어 교사의 도움을 받습니다. 수학의 재미를 느끼지 못한 아이라면 먼저 재미를 느끼게 하고, 문제 푸는 습관을 들이는 것이 좋습니다.

초등학교 2학년,
하루 몇 시간씩 수학 공부를 해야 할까요?

저학년은 하루에 감당할 수 있을 만큼만 꾸준히 풀게 하세요. 계산 문제 푸는 습관을 잡아주고 수학 동화로 창의적, 사고력 수학에 대비하는 것이 좋습니다.

"엄마, 오늘은 수학 쉬고 싶어요."

수학이 힘들다고 매일 풀던 수학에서 손을 완전히 놓게 되면 하루가 이틀이 됩니다. 그러니 분량을 조절해야 합니다.

"힘들구나. 그럼 한 장만 풀까?"

매일 10장씩 풀기로 약속했지만 힘든 날은 한 장만 풀게 해서 강약 조절을 하는 것이죠. 물론 처음에는 세 장부터 시작합니다. 아이의 상태를 보면서 늘렸다 줄였다하며 조절하면 됩니다.

"오늘은 수학 문제가 잘 풀려요. 열다섯 장 풀어도 되나요?"

"그렇게 재밌어?"

"제가 좋아하는 분야가 나왔거든요."

"어디 보자. 넌 아빠를 닮았나 보구나. 아빠도 이 부분이 정말 재미있었는데. 파이팅!"

고등학교 3학년, 수능 50일을 남겨두고 아이와 전화 통화를 했습니다.

"다른 과목은 고려대 수능 최저를 맞출 수 있을 것 같은데 수학 1등급은 장담할 수 없어요."

수학은 풀어도 풀어도 끝이 없습니다. 등급이 잘 나왔다고 손을 놓으면 등급이 또 내려가죠. 수학은 단기간에 올릴 수 있는 성적이 아니라는 걸 아시죠. 꾸준히 공부해도 성적이 안 올라가는 과목이기도 합니다. 그렇다고 암기과목은 단기간에 성적이 오를까요? 아닙니다. 모든 과목을 평소에 반복해서 내 것으로 만들어야 합니다.

수학 성적은 누가 더 엉덩이를 오래 붙이고 앉아 있느냐의 차이입니다. 전교 1등은 수학에 재능이 있거나 하루 다섯 시간이상 복습을 하거나 둘 중 하나입니다.

또 곧잘 하는 것 같은데, 쉬운 문제에서 자주 실수한다면 문제를 너무 쉽게 생각해서 틀리는 경우가 많습니다. 쉬운 계산 문제를 반복적으로 많이 풀지 않았을 경우에도 이런 현상이 생기고요. 예를 들어 문제집을 구입한 후 문제를 반 정도만 풀다가 쉽다고 그만두고 다음 단계로 넘어가는 경우가 있습니다. 문제들이 비슷비슷해서 안 해도 될 것 같거든요. 비슷하게 구성된 것처럼 보이지만 문제를 끝까지 풀어보는게 좋습니다. 그래야 실수를 하지 않습니다. 실수도 실력이랍니다.

아이에게 적정한가를
먼저 생각하는 것

초등 4학년이 하루 두 장씩 문제집을 풀고 있다면 학년이 올라갈수록 수학 공부가 밀리게 됩니다. 수학 동화도 조금씩 읽으며 문제 푸는 습관을 더 늘려나갈 필요가 있습니다. 그리고 '매일 두 장을 푸는데 적은가요?' '하루 20장씩 푸는데 괜찮은가요?' 같은 질문은 대답하기도 애매합니다.

몇 장을 푸는 게 문제가 아니라 '아이에게 적당한가'의 문제니까요. 수학의 개념을 잘잡고 있는 아이는 하루 두 장도 충분하지만 개념과 이해가 어려운 아이는 더 많은 시간과 노력이 필요합니다.

"이 문제가 어려운데 한 번 봐주세요."

아이가 요청한 문제를 보았더니 계산 문제가 아닙니다. 문제를 꼬고 비틀어서 이해가 단번에 되지 않도록 해놓았습니다. 예전의 우리 부모 세대가 접했던 수학과 다른 건지, 제가 수학을 원래 못하는 건지 감을 잡을 수가 없더군요. 여러 번 읽었지만 해답이 보이지 않았어요. 그럴 때는 솔직하게 말하는 게 가장 좋습니다.

"미안, 문제가 너무 어렵다. 이게 초등학교 4학년 문제구나."

아이는 문제집을 사며 정답지를 떼어 자기 방에 감춥니다. 정답지가 문제집 뒤에 있으면 자꾸 의존하게 되니까요. 그래서 문제집을 구입하면 가장 먼저 하는 일이 정답지를 떼어 다른 책장에 꽂아두는 것입니다. 스스로 문제를 풀다가 몇 번을 도전해도 풀리지 않을 때는 정답지를 찾아봅니다. 정답을 보고도 이해가 되지 않는 문제는 부모에게 묻거나 '바로풀기' 앱을 이용하지요. 힘들게 푼 문제일수록 머릿속에 각인됩니다. 오늘 1시간 생각해서 푼 문제가 다음에 나올 땐 시간을 많이 단축시킬 수 있습니다. 문제를 풀려고 생각하면 할수록 수학 머리가 성장하니까요.

수학 선행은 어디까지 하면 좋은가요?

저는 국가가 선행 금지법을 시행했을 때 진짜로 대부분의 아이들이 선행을 하지 않는 줄 알았습니다. 국가를 믿었으니까요. 결국 선행을 하지 않은 덕분에 중학교에 입학한 후에 수학에 애를 먹었습니다만 선행을 하고 안 하고의 차이는 별로 크지 않다는 것이 저와 첫째 아이의 공통된 생각이었습니다. 선행을 한 아이가 수학 성적이 점점 나빠지는 이유는 이미 배웠기 때문입니다. 아는 내용이라 수학 시간에 집중하지 않는 거죠.

그래도 큰아이가 고등학생이 되고 보니 선행을 하지 않은 것이 많이 후회가 됩니다. 물론 경제적으로 여러 곳의 학원을 보낼 수 있는 형편이 되지 않았습니다. 또한 둘째 아이를 키우면서 선행에 대한 생각이 많이 달라졌습니다. 선행은 어느 정도 필요합니다. 단지 아이 성장 상태를 보면서 넣어야 합니다. 수학 선행하고도 학교 수학 수업 시간에 몰입하는 아이도 있습니다. 이런 아이는 최상위권 성적을 유지합니다. 결국 수학 선행의 여부를 떠나 공부에 대한 몰입도에서 성적은 차이나는 것입니다. 아이가 공부를 잘하고 싶다는 욕심이 있느냐의 차이죠.

수학을 좋아하거나 수학 공부를 해야 할 이유를 안다면 2년이든 3년이든 선행을 하는 것이 좋다고 생각합니다. 선행을 해서 아이가 수학을 잘한다는 말이 아닙니다. 가본 길을 두 번째 경험하면 불안한 마음을 없앨 수 있을 뿐만 아니라 전체 로드맵을 볼 수 있다는 장점이 있기 때문입니다. 수학 선행의 효과는 아이마다 다릅니다. 약이 될 수도 있고 독이 될 수도 있지요.

초등학생 시절 큰아이는 전국 단위의 수학 올림피아드에서 좋은 성적을 거뒀습니다. 수학적인 감각과 머리가 발달했다는 말이죠. 그럼에도 불구하고 선행 수업을 하지 않았더니 처음에는 수학 성적이 좋지 않았습니다. 같은 학교 친구들은 대부분 중학교 입학 전에 고등 수학까지 한두 번은 공부하고 왔거든요. KMC, KMO, 성대 수학경시대회 금상을 수상한 아이들이 모두 동기생들입니다. 수학 귀신들이 학교에 모두 모인 셈이었죠. 그러니 선행을 전혀 하지 않은 우리 아이가 꼴찌인 것은 당연했습니다.

그래도 다독이 되어 있었던 덕분에 중학교 시절 수학 성적도 상승 곡선을 타고 올라갔습니다. 하지만 고등학교 시절 수학 심화까지 선행을 하고 온 아이들은 시험기간에 여유가 있었습니다. 수학 외 다른 과목 공부할 시간에 큰아이는 수학을 잡고 있어야 했습니다. 그래서 고민이 많았습니다. 그래서 둘째 아이는 형의 영향을 받아 수학 선행을 합니다.

흥미로운 사실은 기숙학교였기 때문에 아이들이 입학해서 학기 중에는 사교육을 받지 못하는 환경입니다. 최고의 성적으로 입학한 한 아이의 성적이 하향 곡선을 그리더군요. 부모가 과외교사를 붙여서 좋은 성적을 거뒀던 이 아이는 부모의 관리에서 벗어나 맥을 못 춥니다.

신입 검사 엄마가 부장 검사를 찾아와서 '우리 애 좀 잘 봐달라'고 했다던 신문 사설이 생각납니다. 아이는 부모 품에서 빨리 떠나보내는 것이 좋습니다. 죽이 되든 밥이 되든 아이가 스스로 고난을 경험하고 밥상을 혼자 차려 먹을 수 있어야 합니다.

수포자가 되지 않는 법

예전에는 수학을 못하면 학원에 가서 배워야 했습니다. 물론 지금도 수학 학원을 찾으면 됩니다. 하지만 EBS 교육방송이 수능시험과 70% 연계해 출제되도록 하고 있습니다. 차후 70% 비중을 조금 줄인다니 참고하시고요. 컴퓨터와 인터넷만 연결된다면 언제 어디서나 수학을 다시 공부할 수 있습니다.

수포자란 수학 공부를 포기하는 학생을 말합니다. 고등학교 수학이 어려운 이유는 중학교 수학을 제대로 공부하지 않았기 때문입니다. 중학교와 고등학교 수학은 어쩔 수 없이 많은 부분 연계되어 있습니다. 그러니 중학 수학부터 다시 시작해야 합니다. 인터넷 강의를 통해 중학교 과정을 빠른 시간 안에 복습하기를 권합니다.

수학이 어렵다고 해도 반복해서 공부하면 분명히 정복할 수 있습니다.

문제는 수학을 공부하는 습관입니다. 재미없다는 생각보다는 생존 수학이라고 생각해야 합니다. 수학 하나만 정복하자라는 마음을 먹고 공부해야 합니다.

강의는 10분에서 20분을 넘지 않는 걸 듣는 게 좋습니다. 강의를 듣고 나서 친구나 동생을 가르쳐야 한다고 생각하고 청취하는 것이 좋습니다. 그리고 혼자 공부할 때도 마치 옆에 사람이 있는 것처럼 교사가 되어 친구에게 설명하듯 공부하면 효과가 좋습니다. 그냥 듣는 것과 설명하는 것의 학습 효과는 세 배이상 차이가 난 답니다. 부모가 관심을 보이며 설명해달라고 유도하는 것도 좋은 방법입니다.

수학을 어려워하는 학생을 방치하면 수포자가 되지만, 관심을 놓지 않으면 수학 달인으로 만들 수 있습니다.

수학을 왜 공부해야 하는지
모르겠다고 해요

　일상생활을 하다 보면 80% 이상이 수학과 관련 있습니다. 네 명의 가족이 피자를 먹을 때 몇 조각으로 나눠야 하는지도 수학이 필요합니다. 놀이나 시합을 할 때도 덧셈과 뺄셈이 필요합니다. 어제, 오늘, 내일을 구분하는 것도 숫자가 사용된 날짜입니다.

　"아빠, 우리 가족은 네 명인데 왜 책상이 열 개가 넘어요?"

　이것도 수학이죠. 전혜성 박사님은 아이들을 책상에서 놀게 하려고 무려 17개의 책상을 들여놓았다고 하더군요. 거기서 힌트를 얻어 저희 집에도 책상이 많았거든요.

　"4박 5일로 필리핀으로 여행을 갈 거야. 얼마나 많은 수학이 필요한지 알아볼까?"

　"여행 가는데 수학이 왜 필요해요?"

"4박이 뭐니?"

"뭔데요?"

"숙박을 4번 한다는 거야."

"숙박이 뭔데요?"

"숙박은 잘 숙(宿)자를 사용해. 여행 중에 호텔에서 몇 밤 잠을 잘 건지 선택하는 거야."

"또요?"

"차로 공항까지 가겠지. 가는 동안 내리 시속 100km로 달리는 것과 80km로 달리다가 120km로 달리는 건 사용되는 기름의 양이 달라. 일정한 속도로 유지하는 게 기름이 덜 먹어. 그리고 100km 이상 속도를 높이면 속도위반으로 딱지를 끊게 되는데, 수학을 모르면 내 주머니가 가벼워지는 거야. 기름은 언제 넣는 게 좋을까?"

"기름이 떨어지면 넣어야죠."

"그래, 기름이 떨어지면 넣어도 되지. 하지만 새벽이나 밤에 넣으면 온도가 내려가서 기름을 더 받을 수 있어."

"왜요?"

"기름 같은 액체는 온도가 내려가면 부피가 줄어들거든."

"재미있네요. 또 수학과 관련되는 게 있어요?"

"우리가 더운 여름에 편안하게 잠을 잘 수 있도록 도와주는 에어컨도 수학과 관련이 있어. 사람이 잠을 자면 체온이 내려가는데 에어컨은 알아서 1시간에 1도씩 온도를 높여주지. 그래서 수학이 필요한 거야. 네가 사용하는 컴퓨터도 0과 1을 사용하는 수학 이진법으로 시스템이 돌아가. 음식을 조리하는 인덕션은 숫자로 세팅을 해두면 자동으로 불이 꺼지게 돼 있어. 물건을 사고팔 때도 돈을 지불하고 거스름돈도 받지. 수학이 없으면 얼마를 받아야 할지 가격을 매길 수가 없는 거야."

"와, 그러고 보니 생활이 수학 천지네요. 열심히 수학을 배워야겠어요."

"이젠 혼자 알아서 수학 공부하겠네."

"그래도 아빠가 옆에서 함께 계셔야 꼭 필요한 수학이 더 재미있죠."

생활에서 수학이 얼마나 유용하게 사용되는지 깨닫게 되면 아이는 수학에 한 걸음 더 다가가지 않았을까요?

좀 더 어린 나이부터
수학을 알려줄 방법은 없을까요?

수학 공부 단계 3가지. ✏️

❶ 유아 시기와 초등 4학년까지는 생활 수학 놀이와 수학 동화로 접근한다.

❷ 두뇌를 키운 후 초등 5학년부터 수학 선행 후 6학년 졸업까지 중3까지 선행한다.

❸ 중학생이 되면 고등학교 과정을 선행하면서 과학에 몰입한다.

6살 정도면 일상생활에서 놀이를 통해 자연스럽게 수학을 접하는게 좋겠어요. 강낭콩 몇 알이면 식물을 관찰할 때 유용합니다. 강낭콩처럼 빨리 자라는 식물도 없어요. 강낭콩을 이용해서 아이와 수학 공부를 해볼 수도 있어요.

"우리 강낭콩 깃발 놀이할까?"

"그게 뭐예요?"

"강낭콩을 모은 후 깃발을 꽂아두고 번갈아가면서 몇 개씩 강낭콩을 꺼내는 거야. 상대가 강낭콩을 뺄 때 깃발이 쓰러지면 이기는 게임이야."

"와, 재미있겠는데요. 해요."

"자, 깃발은 나무젓가락으로 하자. 작은 태극기를 그리고 스카치 테이프로 붙이자. 다 되었다. 강낭콩은 몇 개씩 뺄까?"

"세 개씩이요."

"좋아, 세 개씩 빼는 거야. 누구부터 할까?"

"제가 먼저 할게요."

아이가 먼저 강낭콩 세 개를 빼냈습니다. 아빠도 세 개를 빼냅니다. 두 번째 강낭콩 세 개를 다시 빼냅니다. 아이는 첫 번째 강낭콩과 두 번째 강낭콩을 합치려고 합니다.

"이건 이렇게 분리해서 두자."

"왜요?"

"나중에 몇 개인지 세어볼 거야."

세 개짜리가 다섯 번 뭉치면 열다섯 개, 아홉 번 뭉치면 스물일곱 개입니다. 아이는 이런 놀이에서부터 자연스럽게 구구단을 공부하게 됩니다.

"아빠가 깃발을 쓰러뜨렸어요. 우리 또 해요."

"그래."

아빠를 이긴 아이는 신이 납니다. 아빠는 놀이 속에 구구단을 넣었기 때문에 속으로 신이 납니다.

"이번에는 몇 개를 뺄까?"

"세 개는 너무 적으니까 이번에는 여섯 개를 빼요."

이번에는 6단을 신나게 공부했습니다. 다음은 4단, 7단, 10단, 15단을 차례대로 노출시킵니다. 놀이라고 생각하기 때문에 아무리 오랜 시간 진행해도 아이는 수학 놀이가 즐겁습니다. 두 아이 모두 즐겁게 또래보다 일찍 구구단을 깨쳤습니다.

고학년 수학에 필요한 것은?

단순한 계산 문제만 풀 경우 초등학교 저학년까지는 별 문제가 없습니다. 하지만 고학년이 될수록 사고력과 창의력을 융합해서 만든 문제가 출제됩니다. 사고력과 관련된 문제를 많이 풀어보는 것이 성적에 도움이 될 수밖에요. 평소에 책을 많이 읽은 아이일수록 사고력 수학 문제를 잘 이해하고 풀 수 있습니다.

사고력이란 생각하는 힘입니다. 창의력을 높이는 1순위가 놀이고 2순위가 책입니다. 잘 노는 아이가 다독까지 하면 수학 점수도 잘 나옵니다. 책을 많이 읽은 아이는 국어뿐만 아니라 수학 성적도 좋습니다.

아이를 수학 학원에 보내지 않고 알려드린 대로 배짱 두둑하게 지도할 분이 얼마나 될지 궁금합니다. 수학 학원에 보내지 않으면 금단현상이 나타납니다. 하지만 견뎌내면 초등학교 졸업할 때까지 중등 수학을 충분히 마스터할 수 있습니다. 중학교나 고등학교에 진학하면 수학에 올인할 수 없습니다. 다른 과목도 함께 공부해야 하니까요.

오히려 수학에서 시간을 벌어야 다른 과목을 공부할 시간이 나옵니다. 수학을 놓치면 모든 것을 잃습니다. 이과 학생들은 특히 수학을 잘해야 합니다. 문과 학생은 영어와 국어를 잘해야 하지만, 수학을 잘하면 원하는 대학과 과를 지원하는 데 유리합니다. 수학이 대학 합격의 열쇠인 셈입니다.

오래전 방영된 의학 드라마 중에 〈굿닥터〉가 있습니다. 이 드라마에서 주인공이 면접을 보러 가다 대합실에서 응급수술을 해야 하는 어린아이와 맞닥뜨립니다. 당장 응급수술을 하지 않으면 아이의 생명이 위태롭습니다. 주인공은 주변의 사물과 도구를 이용해 응급수술을 합니다. 의사가 수술실이 아닌 곳에서 수술을 한다는 것은 무척이나 위험한 일입니다. 이런 능력이 수평적 사고력입니다. 놀이는 수평적 사고력과 연관이 있고, 수평적 사고력이 발달하면 문제를 푸는 과정에서 해결 능력이 생깁니다. 놀이와 공부 둘 다 열심히 한 의사와 공부만 열심히 한 의사는 사람을 살릴 수 있는 실력에서 차이가 나는 것입니다. 전자는 수술실에 들어오는 10명의 죽을 환자를 8명 이상 살려냅니다. 그런데도 아직도 공부만 열심히 하는 인재를 원하세요?

초등학교 5학년, 본격적으로 수학 공부하기

초등학교 5학년이 되면 본격적으로 수학을 시작할 수 있는 힘이 생깁니다. 4학년과 5학년은 정신적, 신체적으로 많은 차이가 납니다. 어린아이 티를 벗게 되죠. 그래서 5학년 수학이 어려워지고, 수학을 공부할 때 조금 더 긴 집중력을 필요로 합니다.

5학년이 되면 집에서 3시간 정도 공부할 수 있는 시간표를 짜는 것도 방법입니다. 수학 공부 15분, 5분 휴식, 이렇게 3세트를 합니다. 그리고 20분 휴식 후 다시 15분 공부, 5분 휴식으로 3세트를 공부합니다. 이렇게 습관을 들이면 자기주도 학습 능력도 커집니다.

물론 학원에 보내도 되지만, 학원을 다니기 시작하면 학원차량에서 버리는 시간이 많습니다. 저는 버려지는 시간이 제일 아깝더라고요. 또 학원 교사가 좋은 수학 교사인지 검증되지도 않았고요. 저는 영어도 그렇지만 학원에서 제대로 된 수학을 가르칠 거라고 생각하지 않습니다. 똑같은 교재를 업체에서 받아 문제 풀이 과정만 외워서 수업을 하는 경우가 많죠. 예외도 있겠지만 아이들의 수학 실력이 쑥쑥 올라가기를 기대하기 어렵습니다.

옆에서 부모가 지켜보면 아이가 잘하는 부분과 부족한 부분이 보입니다. 문제는 '부모가 같은 시간에 반복적으로 수학 공부를 함께 해줄 수 있느냐'의 의지입니다. 제 경우에는 시간을 먼저 정했습니다. 저녁 식사 후 8시부터 시작했습 니다. 거실의 화이트보드에 푯말을 붙이는 것도 좋습니다. 아이를 학원에 보내지 않으면 시간적으로 여유가 생깁니다. 이 많은 시간을 활용해서 아이의 실력을 높일 수 있다는 것에 감사했습니다.

"아빠, 이게 뭐예요?"

"너도 이제 5학년이 되었으니 본격적으로 수학에 빠져봐야지. 아빠랑 함께."

"진짜요? 함께 하실 거예요?"

"아빠는 초등 6학년 졸업까지만이야. 중학교에 올라가면 공부는 스스로 해야 해."

"고마워요."

부모가 함께 공부하는 아이는 천군만마를 얻은 장군의 심정과 같을 겁니다. 뒤가 든든하지요.

여의치 않아 수학 학원의 도움을 받더라도 복습은 부모가 함께 해주는 것이 좋습니다. 고학년이 되면 부모가 풀 수 없는 문제들이 나오기 시작합니다. 하지만 옆에서 격려해주는 것만으로도 아이에게 큰 힘이 됩니다. 문제를 풀고 생각하는 힘을 기르는 것은 결국 아이의 몫입니다. 처음엔 시간이 오래 걸려도 스스로 풀 수 있도록 지켜봐주시면 아이는 반드시 수학도 정복합니다.

수학도 엄마표로 가능할까요?

예전에는 수학이 약하다면 아이를 지도하는 것이 불가능했습니다. 하지만 지금은 100% 가능합니다. 왜냐하면 대한민국은 IT 강국이니까요. 유튜브와 인터넷 강의, 쿡 TV나 SK브로드밴드를 이용하면 수강할 수 있는 강의가 차고 넘칩니다.

꼭 필요한 사교육은 받아야겠지만 불필요한 사교육은 과감하게 엄마표로 진행하는 것이 좋습니다. 한 번 실패를 하더라도 다시 도전하면 됩니다. 일단 도전해보십시오. 도전조차 하지 않는다면 어디서 실패하고 어떤 문제점이 있는지 발견할 수도 없으니까요.

모든 공부는 아이가 하는 것이지, 부모나 교사가 대신해줄 수 없습니다. 대치동의 수학 학원 트렌드 역시 개념 정리만 해줄 수 없습니다. 문제는 아이가 풀게 합니다. 그러니 엄마표로 집에서 수학 공부를 하는 편이 10

배 이상 효과적입니다. 다만 학생 혼자 맡겨두면 실패합니다.

그러니 반드시 부모 중 한 사람이 같이 하십시오. 시작해서 며칠 동안 아이가 재미있어 하고 습관이 된 것 같다고 해서 부모가 이리 빠지고 저리 빠지면 아이 역시 흔들립니다. 아이의 수학 실력이 궤도에 오를 때까지 친구 모임은 아이가 학교에 가는 오전이나 주말에 잡으세요. 영어도 마찬가지입니다. 엄마표 공부는 엄마가 일정 부분 희생해야만 성공 가능성이 높아집니다.

"미정 엄마, 오늘 저녁 모임은 중요하니까 나올 수 있지?"

"중요한 게 뭔데?"

"나와 보면 알아."

이런 연락을 받으면 나갈까 말까 고민되지요? 아이가 먼저입니다. 막상 모임에 나가보면 애들, 남편 자랑, 시댁 안 좋은 얘기와 최근에 구입한 신상 자랑밖에 없습니다. 모임에 갔다가 집에 돌아오면 괜히 남편과 애만 잡게 됩니다.

인터넷 강좌 활용하기

인강 듣는 요령.

❶ 강의만 듣고 끝내면 망한다.

❷ 수학 설명 듣고 멈추고 해당 설명에 대한 문제를 꼭 푼다.

❸ 20분 수업 10분 휴식을 꼭 취한다.

❹ 오답 노트를 꼭 체크한다.

대한민국 대표 인터넷 강의.

❶ 강남구청 인터넷 방송국 : http://edu.ingang.go.kr

❷ 메가스터디 : http://www.megastudy.net

❸ 교육의 중심 EBS : http://www.ebs.co.kr

❹ 엠베스트 : http://www.mbest.co.kr

강남구청 인터넷 방송국은 이범 씨의 참여로 유명세를 탔습니다. 가격도 저렴하죠. 1년 동안 전 과목을 수강할 수 있는 금액이 5만 원입니다. 1만 원이었던 시절을 생각하면 5배가 오르긴 했지만 아직도 착한 가격입니다. 착한 가격에 품질도 뛰어나니, 걱정할 필요도 없습니다. 거기다 최고의 선생님을 모시고 수업합니다. 수강하다 궁금한 사항은 Q & A 게시판을 이용해서 질문하면 됩니다. 큰애가 다니는 하나고 선생님도 이곳에서 강좌를 진행하고 있으니 더욱더 애착이 갑니다.

엠베스트 인터넷 강의는 강남구청보다 가격이 10배 정도 비쌉니다. 수강생들 중에는 상위권이 많이 포진해 있습니다. 물론 하위권 아이들도 수강을 하지만 '우리 학원에 하위권 아이도 많아요'라고 광고하지는 않으니까요.

EBS 교육방송은 언제나 공익을 우선으로 생각합니다. 그래서 EBS 선생님 역시 전국에서 이름 있는 선생님들로 강좌를 준비합니다. 이외에도 인터넷으로 수강할 수 있는 사이트가 많습니다. 그를 때 엄마와 아이가 함께 샘플 강좌를 들어보세요. 아이가 선호하는 인터넷 강의로 시작하는 것이 좋습니다. 엄마 입장에서 선택하면 내 아이 수준보다 조금 더 높게 잡으려고 합니다. 인생도 본인이 선택하듯 이런 선택부터 아이가 판단할 수 있도록 해주세요.

"아빠, 이거 결제해주시면 됩니다."

"확실하게 정한 거니?"

"네. 저한테는 이 강의가 맞는 것 같아요."

"그래, 카드번호 불러줄게. 결제해."

이렇게 부모가 결제하기보다 아이가 결제하도록 해주세요. 강의를 들을 때 최선을 다하고 소홀함이 없어야 한다는 무언의 압력을 넣는 셈이니까요.

엄마 아빠도 모르는 수학 문제,
어떻게 하죠?

"아빠, 이거 잘 모르겠는데 어떻게 풀어요?"

아이는 문제를 풀다가 조금만 어려워도 부모를 찾습니다. 그럴 때는 아이가 힘들어하는 문제를 다시 한번 읽어보세요. 정답을 알고 있어도 답을 알려주기보다 아이가 생각해서 답을 맞힐 수 있도록 유도하는 것이 좋습니다. 수학은 생각하는 힘을 기르는 작업이기 때문에 풀이 과정을 쉽게 적어주면 도움이 안 됩니다.

둘째 아이의 경우 초등 6학년까지 수학 문제가 안 풀려 속상해서 많이도 울었습니다. 아이나 부모나 속상하지만 할 수 없습니다. 곰이 마늘만 먹고 견뎌 사람이 된 것처럼 인고의 시간이 필요합니다.

"아빠는 정답을 알겠다. 수학 문제를 찬찬히 다시 읽어봐. 문제 속에 항상 답이 숨어 있거나 힌트가 있어."

"아, 이제 알겠어요. 고마워요."

부모가 아무것도 한 게 없는 것 같아도 문제를 함께 읽었잖아요. 그것으로 문제가 풀리는 겁니다.

미국의 유명 항공회사에서는 신입사원 채용 시험을 치를 때 본사 직원들이 풀지 못하는 문제들을 출제한다고 합니다. 신입사원들은 신기하게도 그 문제를 해결할 수 있는 답안을 제출합니다. 본사 직원들도 풀기 어려운 문제를 어떻게 신입사원이 풀 수 있었던 것일까요? 신입사원들은 문제를 받고 당연히 정답이 있다는 생각으로 문제를 풀었기 때문이에요. 아이들과 수학 문제를 풀 때 모르는 문제가 나오더라도 당황하지 말고 문제를 다시 한 번 아이와 함께 읽어보세요. 문제를 두 번 세 번 읽다 보면 아이가 정답을 찾아냅니다. 오늘 풀지 못하면 이번주에 풀면 됩니다. 이번주에 풀리지 않는 문제는 한 달 후에 풀리는 경우가 있습니다. 그래도 안되면 선생님의 도움을 받으면 됩니다.

수학 잘하는 아이가 되는 지름길?

이 질문을 하는 학부모에게 다시 물어볼게요. '수학을 잘할 수 있는 방법을 무엇이라 생각하세요?'

열이면 열 분 모두 '수학 문제를 많이 푸는 것'이라고 대답하시겠죠? 왜 알고 있으면서 똑같은 질문을 할까요? 확인하고 싶어서겠죠. 다른 방향으로 가고 있는 건 아닌지 불안하기 때문입니다. 좀 더 쉬운 방법은 없는지 알고 싶은 거죠. 수학을 잘하기 위한 지름길은 없습니다.

수학을 잘할 수 있는 방법은 개념을 확실하게 익히고 문제를 많이 푸는 것 밖에 없습니다. 문제집을 여러 권 푸는 것보단 한 권의 문제집을 여러 번 풀어보는 것이 더 좋지요. 완벽하게 알게 되거든요. 아이가 마음에 들어하는 문제집이 있다면 그 문제집을 다 풀고 나서 똑같은 문제집을 또 구입해서 주세요. 지우개로 지우면 자국이 남거나 아까운 시간이 낭비됩니다.

공부할 분량을 마쳤다면 아이에게 잘했다는 칭찬을 꼭 해주세요. 부모가 열심히 일하고 돌아왔을 때 아이가 '오늘 일하시느라 고생 많으셨어요'라고 말해주면 얼마나 힘이 나겠어요. 어른들은 말합니다. 살아보니 공부가 제일 쉽다고요. 하지만 정말 그럴까요? 학창 시절로 돌아가면 공부가 또 제일 싫을걸요? 왜냐고요? 학생이니까요. 학생은 원래 공부를 싫어하고, 어른들은 공부를 사랑한다고 합니다. 잘못된 사랑이 만나면 불꽃이 튑니다. 아이와 불꽃이 튀지 않으려면 아이를 이해하는 게 중요합니다.

아이가 정답지를 보고 풀어요

수학 정답지를 보면 아이도 편하고 엄마도 편합니다. 따라서 한번 보기 시작하면 정답지에 의존하게 됩니다. 정답지를 보면서 푸는 문제가 많을수록 생각하는 힘이 흔들리고 수학이 점점 힘들어집니다. 한 문제를 푸는 데 1시간이 걸려도 좋고 2~3일이 소요되어도 좋습니다. 아이가 생각하는 시간을 가지도록 하는 것이 좋습니다.

문제를 풀다가 모르는 문제가 나오면 개념 정리가 되지 않았기 때문입니다. 그러니 정답지를 보는 것보다 개념을 찾아 익혀야 합니다.

"아빠, 이 문제는 아무리 풀려고 노력해도 어려워요. 어떡하죠?"

"앞에 개념을 다시 봐."

"모르겠어요."

"이 문제는 넘어가고 다음 문제를 풀어봐. 오늘 풀리지 않는 문제는 하루나 이틀 후에 풀어봐. 그래도 풀리지 않으면 일주일 후에 다시 풀어보자."

시간이 약이라는 말이 있습니다. 오늘 죽을 것 같은 아픈 사연도 시간이 지나고 보면 아련한 추억으로 남습니다. 수학 문제도 오늘 죽어라 풀어보지만 해결의 실마리를 보이지 않습니다. 그 문제를 푸는 데 성장이 뒷받침이 되지 않아 그런 경우도 있습니다. 그럴 경우 답을 보고 해결하기보다는 시간을 두고 고민하는 편이 좋습니다. 그러다 보면 어느 날 그 문제가 너무 쉽게 풀리는 경우가 있습 니다. 이렇게 풀어낸 수학 문제야말로 정말 자기 공부입니다. 비슷한 유형은 앞으로 절대 틀리지 않거든요.

한 권을 여러 번 풀게 하는 것과 여러 권을 한 번씩 풀게 하는 것 중 어떤 것이 좋은지 물으신다면, 저는 한 권을 여러 번 푸는 것을 추천합니다. 독서할 때도 한 권의 책을 열 번 반복해서 읽는 것이 한 번씩만 읽는 것보다 8배 이상 효과가 좋습니다. 같은 수학책을 여러 번 반복해서 푸는 이유는 뇌의 기억장치 때문입니다.

반복해야 완전히 자기 것이 됩니다. 1시간 수학 선생님께 강의를 들었다면 그 수업에 대한 복습은 2시간 해야 합니다. 배운 내용을 잊어버리지 않으려면 반복하는 것밖에 방법이 없습니다.

쉬운 책을 여러 번 반복해서 풀어보고 완전히 익혔다면 한 단계 높이세요. 그 문제집을 여러 번 반복해서 또 풀어야 합니다. 이렇게 단계를 밟아나가면 수학 공부에서 결코 실패하지 않습니다.

수학도 성실과 끈기다

수학 성적은 투자하는 시간에 비례합니다. 성실하고 끈기 있는 아이가 성적이 좋습니다. 하루 20분씩 수학 공부를 하는 아이와 하루 두 시간씩 수학 공부하는 아이의 점수는 당연히 차이가 나겠지요. 하루 20분밖에 공부하지 않아도 수학 점수가 높은 아이는 100만 명 중에 한 명 정도 있을까 말까예요. 수학 머리가 따로 있는 아이들이지요. 평범한 아이는 시간과 양을 늘려야 성적이 올라갑니다.

"아빠, 수학 학원에 다녀올게요."
"주말은 쉬면 좋은데, 왜 이렇게 일찍 가니? 몇 시에 와?"
"밤 11시 정도에 와요. 오늘 텐투텐하려고요."

주말에 오전 10시에 수학 학원에 가서 오후 10시에 나오는 강좌가 있습니다. 텐투텐이라고 불리는데 온종일 수학만 합니다. 10시부터 10시까지 12시간 공부를 하러 가면서도 아이는 밝은 얼굴입니다. 스스로 한 번 도전하겠다고 했어요. 수학을 공부하는 것이 즐거우니까요. 즐겁게 많이 공부하는 아이의 성적은 당연히 쑥쑥 올라가지 않을까요? 수학 성적이 낮다면 성적보다는 먼저 수학을 좋아하게 하는 데 중점을 두고 지도하기를 권합니다.

✲✲ 수학 비법 추천 도서

* 『20인의 수학자 편지』
* 『개념 잡는 초등수학 사전』
* 『교과서 속 수학 동화』
* 『날아라, 고대 수학의 비밀을 찾아서』
* 『리틀 수학 천재가 꼭 알아야 할 수학 이야기』
* 『수학이 궁금할 때 피타고라스에게 물어봐』
* 『수학이 달라지고 있다』
* 『스토리텔링 100점 수학』
* 『양말을 꿀꺽 삼켜 버린 수학』

★★★ 미래의 인재로 길러내는 포인트 ★★★

미래를 준비하는 우리 아이들에게 반드시 필요한 건 놀이와 독서입니다.
놀이와 독서를 할 때의 뇌파는 10Hz가 됩니다.
이 주파수는 집중력과 창의력의 지표입니다.
아이가 놀이나 독서를 할 때 부모가 방해하지 않고 기다려주면
아이의 집중력과 창의력은 높아집니다.

5장

놀이에 학습을 더하다

- 놀이 비법

놀이에 학습을 더하다

우리 아이들이 앞으로 살아갈 세상은 학교에서 배운 기술이나 지식으로 살 수 있는 시대는 이미 지났다고 봐도 무방하지요. 과연 어떻게 해야 창의력 있는 아이로 키울 수 있을까요? 해답은 뜻밖에 간단합니다. 아이와 함께 놀아주면 되니까요. 놀이는 창의력을 키우는 최고의 방법입니다. 심리학에서는 놀이와 창의력을 동의어로 정의합니다. 그만큼 둘 사이에는 깊은 연관이 있습니다.

놀이는 자기주도적 학습 능력을 키우는 기초가 될 뿐만 아니라, 인간의 삶에도 커다란 영향을 미칩니다. 잘 놀면서 성장한 아이가 사회성도 좋고 공부도 잘합니다. 그래서 미래학자들은 놀이를 미래의 먹거리 산업 중 하나로 꼽고 있지요.

아이의 두뇌 발달 시기는 13세까지입니다. 이 시기에 오감이 민감하게 발달할 뿐만 아니라 놀이를 통해 배려와 사회성을 배울 수 있습니다. 만 2세까지는 부모와 긍정적인 관계를 형성하는 것이 특히 중요합니다. 만 4세 전후에는 체험 위주의 놀이를 하면서 아이와 많은 대화를 나눠야 합니다.

이때 아이는 수많은 질문을 하는데, 귀찮아하거나 무시하지 말고 성실하게 대답해주는 것이 좋습니다. 만 6세 전후에는 책 읽는 습관과 집중력을 높이는 놀이가 좋습니다. 초등 저학년이 되면 신문이나 컴퓨터를 활용한 놀이 학습을 통해 학교생활에 잘 적응할 수 있도록 도와줍니다.

미래학자들은 미래의 인재들이 알아야 할 다섯 가지로 '유희, 스토리, 조화, 공감, 디자인'을 꼽았습니다. 놀이는 이 다섯 가지의 출발선입니다. 놀이를 통해서 한글을 깨치고 영어와 수학을 좋아하게 만들고, 창의력을 키워야 하는 것이지요. 아이들이 살아갈 미래는 융합과 창의력이 생존의 필수조건입니다.

놀이를 통한 융합은 무에서 유를 창조할 수 있는 능력을 갖게 합니다. 부모가 공부하고 노력해서 뿌린 씨앗으로 언젠가는 대한민국도 페이스북과 구글, 아마존처럼 달콤한 열매를 맺을 수 있기를 기대합니다.

놀아준다는 관점을 바꿔야 할 때

부모가 아이와 놀아준다는 생각은 옳지 않습니다. 아이는 세상에서 가장 재미있는 놀이 상대지요. 재미없는 부모의 삶에 활력을 넣어주고 진짜 어른으로 성장시키며, 엄마 아빠와 놀기 위해 하늘에서 내려온 천사입니다. 그 천사가 엄마를 찾아왔을 때부터 바로 놀아주면 됩니다. 배 속 아이도 부모의 목소리를 듣고 기억한다는 것을 알고 있나요? 태중에 있을 때도 엄마가 하는 행동을 구어체로 조곤조곤 말해주면 됩니다.

"엄마 지금 마트 가는데 우리 행복이 먹고 싶은 거 있어? 사과가 먹고 싶다고? 엄마도 사과가 먹고 싶었는데, 우린 통하는 게 있구나. 아빠 과일은 어떤 걸로 살까? 너 아직 아빠 얼굴 본 적 없지? 아주 잘생겼고 자상해. 너도 만나보면 좋아할 거야."

혼잣말하는 것 같아서 오글거린다고요? 하지만 하셔야 합니다. 우주선을 발사할 때, 출발선에서 $0.1mm$의 오차만 있어도 우주 미아가 됩니다. 아주 작은 차이로 보이지만 시간이 지날수록 어마어마한 격차로 벌어지거든요. 아이도 마찬가지입니다. 처음 출발을 어떤식으로 하느냐에 따라 도착지가 완전히 달라집니다.

아이는 소리에 예민합니다. 저는 생후 10개월이 된 아이에게 현관문을 열 때마다 비밀번호를 말해주었습니다.

"공칠팔삼이칠별."

'띠리릭' 소리와 함께 열리는 문이 아이에게는 참 신기합니다. 몇 개월 동안 번호를 누를 때마다 흥미를 보이며 유심히 관찰하던 아이가 어느 날 말했습니다.

"나도."

아이에게 기회를 주었더니 놀랍게도 현관문 비밀번호를 혼자서 정확히 누르는 것이었습니다. 현관문이 열리고, 저는 아이가 열어준 문으로 집에 들어섰습니다. 생후 20개월이 채 되지 않았을 때의 일입니다. 약 9개월의 놀이를 통해 낳은 결과였지요.

초등 2학년이 된 아이가 어느 날 학교에서 상기된 얼굴로 돌아왔습니다.

"아빠, 오늘 구구단 외우기를 했는데 제가 1등으로 빨리 외웠어요. 선생님께서 다음 주까지 외우라고 칠판에 적어주셨는데 그냥 외워버렸어요. 저 대단하죠?"

"와! 정말 대단하다. 어떻게 그럴 수 있어?"

제 아이지만 솔직히 저도 조금 놀랐습니다. 아이 말대로 구구단을 하루에 다 외웠다면 천재고 영재이니까요. 아이의 뛰어난 숫자 감각은 아마도 숫자 놀이의 결과일 것입니다. 영유아 시절에 아이를 안고 아파트 주차장에서 자동차 번호판을 읽어주면서 놀아줬거든요. 5세부터는 강낭콩 깃발 놀이와 바둑으로 곱셈에 대한 이해를 도와주었고, 엑셀 프로그램으로 구구단표 만들기 놀이도 진행했습니다.

아이가 초등학교 4학년이 되면 더 이상 부모와 놀지 않을 가능성이 큽니다. 사춘기가 찾아오고 부모보다 친구들이 더 좋다는 것을 깨닫게 되니까요. 아쉽지만 부모가 아이와 놀 수 있는 시간은 여기까지입니다. 저요? 전 고등학생이 되어도 함께 놀아요. 아이들이 좋아하는 게임을 함께 하면서요.

의무감으로 시간 보내지 않기

어떻게 놀아줘야 할지 몰라서 놀아주지 못하는 게 확실한가요? 아니면 놀아줄 마음이 없는데 일종의 의무감으로 말만 하는 건가요? 전자든 후자든, 아이를 위해서라면 부모가 먼저 변해야 합니다. 저도 처음에는 어떻게 해야 할지 몰라서 답답했어요. 그래서 아이와 놀아주기 위해 도서관과 서점에 있는 놀이 관련 책들을 모두 읽었습니다. 책을 읽고 아이와 놀다 보니 어떻게 노는 것이 아이에게 도움이 되는지 조금씩 알겠더군요.

감히 조언을 좀 드리자면, 질문부터 바꿔야 합니다. 어떻게 놀아줄 것인가가 아니라, 아이의 놀이 세상으로 들어가기 위해 내가 무엇을 해야 하는지 생각해야 합니다. 단순히 부모가 경험한 것을 가지고 아이에게 접근하면 아이가 흥미를 보이지 않습니다. 놀이 관련 책을 적어도 일곱 권쯤 구입하세요. 읽고 외운 다음, 서로 다른 놀이들을 융합하세요. 일곱 권의 놀이 책이 믹스되면 수백 가지의 놀이가 나옵니다.

아이들은 부모로부터 30%의 생물학적 DNA를 받습니다. 나머지 70%는 성장하면서 주변 환경의 영향을 받지요. 그 70% 가운데 가장 큰 비중을 차지하는 것이 바로 부모나 친구와의 놀이입니다. 부모가 독창적인 놀이를 준비하지 않으면 아이는 부모의 평범한 삶을 그대로 물려받습니다.

미국에서 아주 흥미로운 실험을 했습니다. 고아원에서 무작위로 선정한 50명의 아이들을 25명씩 나누어 한쪽은 의사, 변호사 등 전문직 가정으로 보내고, 나머지 25명은 평범한 가정에 입양을 했습니다. 그리고 10년 후 50명의 아이들을 다시 한자리에 불러 지능과 여러 가지 테스트를 해보았지요.

결과는 참으로 의미심장했습니다. 전문직에 입양된 아이들이 평범한 가정에 입양된 아이보다 모든 면에서 앞서나갔으며, 지능도 평균 30점이 높았거든요. 분명 비슷했던 아이들이 자라난 환경에 따라 이런 차이를 보인 것입니다. 이 실험 결과에서도 알 수 있듯이 문제는 아이에게 있는 것이 아닙니다. 부모가 제대로 된 양육 환경을 제공해야 하지요. 부모가 노력하고 준비하려면 놀이 책을 읽고 외워야 합니다. 의식해서 하는 놀이가 아니라 무의식 상태에서 놀아야 아이에게 제대로 입력되니까요.

비싼 교구는 애물단지

"옆집 엄마가 590만 원짜리 비싼 교구를 구입했습니다. 애가 갖고 싶어 하는데 무리해서 사줘야 할까요?"

미안하지만 옆집 엄마는 쓸데없는 짓을 하셨습니다. 590만 원짜리 교구를 판매한 그 영업 사원의 수완이 대단하네요. 그런 교구는 효과가 20%밖에 되지 않는다고 합니다. 믿을 만한 과학자들이 발표한 내용이죠. 영업 사원이 어떤 말로 포장했는지 궁금할 정도입니다. 효과 없는 교구에 대한 정보와 엄마의 무지를 더한 값을 지불했다고 생각하면 속이 덜 아프시겠죠? 혹시라도 이 책을 읽고 있는 독자 중에 그런 교구를 산 분이 있다면, 그 교구를 중고로 내다 파는 것이 더 현명합니다.

교구보다 학습 효과가 더 높은 놀이 도구를 활용해야 합니다. 학습 효과가 더 높은 놀이 도구는 값이 더 비쌀까요? 아닙니다. 집 안에 있는 물건과 도구를 원래의 용도가 아닌 다른 곳에 활용하면 되니까요. 주변에 있는 물건들을 활용하면 창의력과 관련 있는 수평적 사고력이 향상됩니다.

아이가 탁구를 하고 싶어 하면 탁구장에 갈 수도 있습니다. 하지만 탁구장에서 원래의 용도대로 도구를 사용하면서 탁구를 하면 창의력이 향상될까요? 아니면 책상이나 밥상을 탁구대로 하고 책이나 필통으로 매트를 대체해서 탁구를 칠 때 창의력이 향상될까요? 후자 쪽이 '사물을 달리 보는 눈'을 키우는 데 훨씬 더 유리할 거예요. 탁구공 하나로 10가지 이상 놀이를 생각해낼 수 있다면 창의력이 뛰어난 아이로 성장합니다.

종이컵 두 개에 강낭콩을 집어서 옮기는 놀이를 하면 집중력을 키울 수 있습니다. 구구단을 외우게 하려면 강낭콩과 바둑판을 활용합니다. 집 안에는 아이의 창의력을 키워주는 좋은 놀이와 장난감이 얼마든지 있습니다. 강낭콩, 쌀, 탁구공, 신문, 화이트보드, 컴퓨터, 물, 음식 재료, 책, 선풍기, 냉장고, 아이스크림, 배달할 때 따라온 드라이아이스, 테니스 공, 블록, 클레이, 밀가루, 나무젓가락, 고무줄, A4 용지 등 집 안의 모든 물건들을 활용할 수 있으니까요.

예를 들어 종이컵과 탁구공이 있으면 저는 탁구공을 위로 던진 다음 종이컵으로 받습니다.

"와, 정말 재밌다. 아빠 잘하지?"

"저도 해볼게요."

아이는 열 번 넘게 실패를 하고서야 겨우 한 번 성공했습니다.

"아빠! 성공했어요."

"오, 잘했어. 이번에는 연속 두 번 성공하기에 도전해봐."

이번에는 3분 만에 연속 두 번을 성공했습니다.

"또 성공했어요."

"대단하구나. 이번엔 단계를 조금 높여서 연속 다섯 번 성공에 도전!"

이렇게 단계를 높여나가다 아이의 실력이 향상되면 틀을 약간 바꿉니다. 한 발짝 떨어져 상대가 들고 있는 종이컵으로 탁구공을 던져서 받기를 제안하는 것이죠. 이것은 팀워크를 키우는 방법입니다. 평상시에 이런 놀이를 한 아이가 학교나 회사에 들어가면, 내재된 팀워크가 발현돼 중요한 역할을 하게 될 겁니다.

초등학교 4학년이 기점

아이가 초등학교 3학년이라면 부모와 놀면서 함께 지낼 시간이 얼마 남지 않은 겁니다. 아이는 초등학교 4학년을 기점으로 부모와 함께하는 시간이 확 줄어듭니다. 수학도 어려워지고 엄마의 조바심 때문에 학원에 다니는 시간도 많아지니까요.

부모가 매력적인 모습을 보일 때 아이는 비로소 부모를 진정으로 따르고 존경합니다. 재미있고 배울 게 많은 부모의 행동을 자기 것으로 만들려고 노력하죠. 이렇게 부모를 좋아하고 닮으려고 노력했던 아이도 초등학교 고학년이 되면 달라집니다. 부모보다는 친구를 더 찾게 되고 친구의 말이 법이 됩니다. 부모와 소통이 잘되는 아이들은 부모와 애착 관계를 유지하기도 하지만, 그 또한 확률은 반반 정도입니다.

초등 3학년이면 아이에게 많은 변화가 일어납니다. 저학년에서 고학년으로 올라가는 중간 단계니까요. 초등 4학년이 되면 아이가 배우는 과목들이 조금씩 어려워지기 시작합니다. 컴퓨터를 활용한 과제물이 늘어나고, 공교육에서 영어가 시작됩니다. 초등학교 영어 시험은 듣기 위주로 출제됩니다.

물론 듣기와 말하기를 평소에 공부했다면 어려운 수준의 문제는 아닙니다. 어쩌면 수준이 너무 낮기 때문에 대한민국 영어가 문제일 수도 있습니다. 초등학교 때 쉬운 영어를 접하게 해서 영어에 대한 부담감을 주지 않으려는 의도는 알겠지만, 그 영어가 중학교나 고등학교에 가면 문법 위주로 어렵게 바뀌니까요.

그래서 가정에서 놀 때 미리 영어를 언어로 넣어주어야 합니다. 영어 단어를 무작정 외우는 것보다는 이미지맵을 통해 연관 단어를 알게 해주는 것이 더 재미있고 효과적입니다. 놀이를 하면서 숫자를 영어로 센다거나 다음 달 달력을 영어로 만들어보는 놀이를 하는 거죠.

4학년을 준비하는 차원에서 영어 놀이를 진행해보는 것이 어떨까요? 영어뿐만 아니라 어려워지는 다른 과목도 놀이로 진행하는 것도 좋습니다.

아이에게 필요한 건, 따뜻한 부모의 마음

사춘기에 접어든 아이들은 하루에도 몇 번씩 부모와 의견 충돌이 일어나곤 합니다. 그동안 부모와 좋은 관계를 유지한 경우라도 피해갈 수 없지요. 부모는 아이에게 무조건 공부를 강조하고, 이성이나 친구는 대학생이 되고 난 다음에 만나라고 하죠. 이런 생각은 참으로 구시대적 사고방식입니다. 사춘기는 맛있는 밥을 위해 뜸을 들이는 시간입니다. 뜸을 들이는 시간이 없다면 애써 지은 밥이 맛이 없겠죠.

'친구들과 어울리지 말고 공부만 해라'는 말은 직장 생활을 하는 어른에게 직장 동료들과 어울리지 말라는 말과 다를 바 없습니다. 모든 것이 그렇듯이 적당한 선에서 교우 관계를 유지하는 것이 좋습니다. 친구 관계가 좋아야 부모와의 관계도 좋아집니다. 잃을 것이 많은 사람은 가볍고 쉽게 행동하지 않습니다. 친구를 잃기 싫고, 배우자를 잃기 싫고, 부모를 잃기 싫으니까요. 지키고 싶은 사람들 덕분에 힘든 일을 참고 해낼 수 있는 힘이 생깁니다.

어른들은 사춘기 시절을 이미 겪었습니다. 격정의 사춘기를 보낸 사람
도, 공부나 운동으로 시련을 이겨낸 사람도 이제는 모두 사회 구성원으로
살아가고 있습니다. 나는 사춘기 없이 지나갔다고요? 글쎄요. 과연 부모
님도 그렇게 생각하셨을까요? 내색을 하지 않았을 뿐 속이 새까맣게 숯
덩이가 되었을 수도 있습니다.

아이들의 고민은 대부분 성적, 친구, 부모입니다. 성적이 나쁘면 부모가
압력을 넣기 시작하니까요. 친구 관계도 성적이나 힘에 의해서 수직 관계
가 미세하게 결정됩니다. 부모와의 관계는 성적이 대부분을 차지합니다.
꼴찌인 아이에게는 열심히 해서 꼴찌를 면하라 하고 15등인 아이는 10등
안에 들기를 바라며, 3등인 아이에게는 1등에 도전하라고 합니다. 아이에
게 대놓고 말한 적이 없다고요? 말로 하지 않아도 대부분의 아이는 부모
의 마음을 귀신처럼 알아차립니다.

사춘기 아이가 보여주는 말과 행동은 한시적인 것입니다. 시간이 지나
제정신으로 돌아옵니다. 사춘기 자녀를 이해하기 힘들어도 따뜻한 시선
을 거두지 마세요. 남자아이라면 아이가 좋아하는 운동을 함께하면서 풀
수도 있습니다. 여자아이들은 카톡이나 메일 또는 손편지를 이용해서 부
모의 따뜻한 마음을 전달하는 것이 좋습니다.

요즘 아이들이 대부분 페이스북을 한다고 해서 부모가 친구 신청을 하는 것은 금물입니다. 부모가 친구 신청을 해도 친구 요청에 확인을 누르는 아이는 없습니다. 사춘기는 그냥 그대로 기다려주는 것이 정답입니다. 아이를 향해 입보다는 귀를 열어두세요.

독서 타임

　하루는 24시간입니다. 잠자는 시간을 빼면 16시간을 활용할 수 있습니다. 유치원이나 학교를 다닌다면 5시간에서 10시간을 더 빼야 합니다. 그러면 최대 11시간에서 최소 6시간 정도가 남게 됩니다. 이 시간에 놀이를 통한 독서 습관을 들여야 합니다.

　"아빠, 배드민턴만 챙길까요?"

　"테니스 공이랑 S보드도 챙겨."

　아이와 도서관을 갈 때 나누는 대화입니다. 도서관에 공부하러 가는 것이 아니라 놀이나 운동을 하러 갑니다. 책은 도서관에서 놀이나 운동을 하다가 아이가 보고 싶다고 하면 잠시 잠깐 보는 정도로 만족합니다. 대신 자주 이런 시간을 가져야 합니다. 가뭄에 콩 나듯이 도서관을 찾으면 책 읽는 습관을 들일 수 없습니다.

"앞으로 30분간 독서 타임!"

하드커버 책으로 탁구공 놀이, 책 도미노 놀이, 책 제목 찾기 놀이, 껌이나 돈 등 책 속에 숨겨진 보물찾기 놀이, 책 바구니로 주변에 책을 깔아놓고 책 읽고 난 후 누가 빨리 정리하는지 시합하기 등도 좋지만, 독서 타임만큼 효과가 있는 것도 없습니다.

부모가 선언하고 지키는 독서 타임은 책 읽으라는 잔소리가 필요 없게 만듭니다. 습관을 들이기 위해 21일 동안 하루도 빠지지 않고 외친 독서 타임은 아이를 책의 매력에 빠뜨립니다.

사회성을 기를 수 있는 놀이는
어떤 것이 있나요?

아이들은 어린이집이나 유치원을 다니면서 또래 관계에서 사회성을 배웁니다. 하지만 그건 어디까지나 또래와의 관계입니다. 아이가 대학교에 입학하거나 회사에 입사하기 위해 면접을 볼 때, 또래와 면접을 치르지는 않습니다. 자신보다 훨씬 나이가 많은 상사와의 면접입니다.

어른과 충분한 교류가 이뤄지지 않았다면 면접에서 주눅이 들 수밖에 없겠지요. 그렇다고 내 아이가 옆집 아저씨나 아주머니와 어울리면서 사회성을 기를 수 있는 기회는 많지 않습니다. 그러니 결국 누가 해야 할까요? 사회성을 기르는 것 역시 부모가 많은 역할을 담당해야 합니다.

어떤 놀이든 부모는 열린 마음을 가지고 언제든지 질문을 받아줄 자세가 되어 있어야 합니다. 국가가 운영하는 영재원이나 특목중, 특목고에 입학할 때는 시험을 보는데요, 동그라미 하나가 그려진 용지를 주면서 무엇이라고 생각하는지 묻습니다.

'그냥 동그라미인데요'라고 대답하면 탈락이겠죠. 동그라미를 모르는 사람은 아무도 없습니다.

이 동그라미를 가지고 자기가 알고 있는 수학적, 과학적 지식 등을 총동원해서 표현을 해야 합니다. 책과 경험을 통한 배경지식과 상상력이 있어야 합니다. 어떤 아이는 강강술래와 그 시대에 대해 이야기하고, 어떤 학생은 태양계를 예로 들 것입니다. 정답은 없습니다. 이 질문을 통해 아이의 지식, 품성, 인격, 창의력 등을 판단하기 위함이니까요.

남자아이가 침대 위에서 뛰면서 놀고 있습니다. 엄마는 그 꼴을 그냥 두고 볼 수 없습니다. 침대에서 뛰면 침대가 망가질 수도 있고, 아랫집에서 시끄럽다고 항의를 할지도 모르니까요. 그러니 '그만해!'라는 부정어를 입에 달고 살 수밖에 없습니다. 그런데 말이죠, 아이에게 이렇게 말하는 것은 마치, 일처리를 잘못해서 '회사 그만 다녀!'라고 핀잔을 들은 신입사원 같은 처지와 다를 바 없어요. 아이가 침대 위에서 뛸 때는 그에 따른 문제점과 다른 놀이 방법을 제시해야 합니다. 침대에서 뛰면 다칠 수 있고, 거실에서 뛰면 소음 때문에 아래층에서 힘들어한다고 알려줍니다. 그러면서 아이를 밖으로 데리고 나가서 뛰어놀게 하는 것이 가장 좋습니다. 아이들은 뛰어놀도록 설계돼 있으니까요.

그런데 여기서 문제가 발생합니다. 부모의 저질 체력이나 귀차니즘 때문입니다. 아이의 사회성을 위해서 며칠 반짝 마음먹었다가도, 아이를 데리고 나갈 순간이 되면 실행하기 힘들어집니다. 아이를 위해서 자리에서 벌떡 일어나세요. 실행할 수 있어야 육아에 성공합니다. 실행이 답입니다. 제가 한 19번 이사 중에 한 번을 제외하고 모두 1층이라는 사실! 믿어지나요? 아이 키울 때는 1층이 로얄층입니다.

아이가 커서 힘에 부쳐요

인터넷으로 탁구공 100개를 구입합니다. 1만 5,000원 정도면 아이가 1년은 거뜬히 놀고도 남습니다. 구입한 탁구공을 바구니에 담아 아이를 기다립니다.

"엄마, 놀아줘요."

이 소리가 공포로 다가오는 부모도 있겠지요. 요령이 없어서 그렇습니다.

"놀아달라고? 엄마도 기다렸어. 탁구공이 어디 있을까? 저기 있네."

바구니에 담긴 탁구 공 100개를 거실에 쏟아부어 버립니다. 바구니는 거실 가운데 둡니다. 엄마가 탁구공까지 치워야 할까요? 아닙니다. 탁구공은 아이가 치웁니다. 엄마는 아이가 치우도록 유도만 하고 빠지면 됩니다. 거실에 굴러다니는 탁구공 중 하나를 집어서 바구니로 던집니다. 그리고 세상에서 제일 재미있는 놀이처럼 외칩니다.

"들어갔다. 또 골인해야지."

이 모습을 지켜보고 있던 아이가 가만히 있을 리 없습니다. 그렇게 되면 나머지 99개의 노란 탁구공이 아이의 장난감이 됩니다.

"엄마, 그만해요. 내가 넣을 거예요."

"하나만 더 넣을게. 너무 재미있다."

그리고 하나 더 던지되, 바구니에서 약간 벗어나게 합니다.

"아이구, 아까워. 잘 넣을 수 있었는데."

아이는 엄마가 넣으면 넣을수록 자신의 놀잇감이 사라진다고 느끼게 됩니다. 그리고 탁구공을 주워 엄마처럼 던지기 시작합니다. 이제 엄마는 앉아서 아이가 탁구공을 바구니에 하나씩 넣을 때마다 숫자를 세어주면 됩니다.

한글 숫자 세기를 알려주고 싶으면 '하나 둘 셋… 백'을 셉니다. 영어로 숫자 세는 걸 알려주고 싶다면 '원 투 쓰리… 원 헌드레드'를 말합니다. 엄마는 편해서 좋고 아이는 놀아서 좋습니다. 덤도 생깁니다. 아이는 신체 발달, 동작 지능 향상, 숫자 개념과 영어를 함께 익히게 되니까요.

추운 겨울에도 집에서 노는 방법

가정마다 다르겠지만 집 안에서도 재미있게 놀 수 있는 방법을 한 번 살펴볼까요? 집중력과 구구단에 도움되는 바둑, 숫자와 두뇌력이 향상되는 오목, 전략과 전술을 익힐 수 있는 장기, 창의력이 샘솟는 클레이, 소근육과 대근육 발달에 도움되는 탁구 시합, 테니스 공을 사용한 캐치볼 던지기로 집중력 높이기, 화이트보드에 그림 그리기, 베란다 모래 놀이, 욕하는 아이도 고칠 수 있는 양파와 대화하기, 창의력을 높여주는 레고 조립, 블록 게임, 한글과 영어 깨치기의 일등 공신인 신문지로 한글 영어 찾기 놀이, 컴퓨터 하나면 수천 가지를 할 수 있어요.

그 외에도 쿼리도, 호텔왕 게임, 큐브, 종이접기, 동전 세우기, 이불 위 구슬치기, 칠교, 장난감 총으로 사격 놀이, 실로폰 치기, 피아노 치기, 노래 부르고 외우기, 행맨 게임, 끝말잇기, 풍선 로켓 놀이, 심봉사 놀이, 거실에서 낚시 놀이, 신문지 눈싸움 놀이, 도미노 놀이, 종이컵 전화기 만들기, 청기 백기 만들고 놀기, 책 번갈아가면서 읽기 놀이, 탁구공 바구니에 넣기 놀이, 누워서 탁구공 불기 놀이, 벽에 탁구공 튕기기 놀이, 책으로 탁구공 많이 치기 놀이, 이야기 번갈아가면서 만들어 공격하기 놀이, 다리 빼기 놀이, 백선생 따라 요리 만들며 놀기, 책 페이지 펼쳐서 사람 숫자 많은 사람이 이기는 놀이, 미니 축구 경기 놀이, 투명 줄넘기 놀이, 쌀보리 놀이, 등에 글자 쓰고 알아맞히기 놀이, 플라스틱 콜라병으로 토네이도 만들기 놀이, 볼펜 축구 놀이, 책상 위 물건 기억하기 놀이 등이 있습니다. 이 모든 놀이는 부모가 터득한 후에 진행해야겠죠.

"엄마, 쿼리도 놀이해요."
"쿼리도, 그게 뭐니? 난 모르겠다. 아빠한테 해달라고 해."
"아빠, 쿼리도 놀이해요."
"쿼리도가 뭔데? 콱 마. 피곤하다. 때려치아라."
이런 부모는 없기를 바랍니다.

이 중에 가장 기억에 남는 건 베란다에서 모래놀이를 한 것입니다. 겨울에도 모래 놀이를 하고 싶다고 해서 인터넷으로 강모래 5포대를 구입해 베란다 바닥에 깔아주었죠. 초등학교 1학년이 되기까지 모래와 일심동체가 되었답니다. 부모가 할 일이 많아지긴 합니다. 먼지가 나지 않게 물을 뿌려 관리를 해야 하고요. 모래 놀이가 끝나면 아이를 매번 샤워시켜야 합니다. 1시간 전에 모래 놀이가 끝났지만 또 하겠다고 어김없이 모래로 뛰어갔거든요.

놀이를 아이와 함께 하면, 아이와 사이가 좋아지고 아이의 정서와 학습에도 도움이 되며 서로 웃게 되니 부모의 건강에도 도움이 됩니다. 그야말로 일석삼조인 셈입니다.

가만히 있는 걸 좋아하는 아이가 걱정돼요

밖에 나가서 놀기가 엄마의 희망 사항은 아닌지부터 살펴보세요. 아이들마다 성향이 다릅니다. 실내에서 노는 걸 좋아하는 아이도 있고 물에서 놀기를 좋아하는 아이가 있습니다. 아이는 성향에 따라 놀이도 좋아하는 것과 덜 좋아하는 것으로 나누어집니다.

아이의 성향 때문이 아니라면 집 안에 놀고 싶은 것이 있거나 바깥세상이 두려워 나가기를 주저하는 경우도 있습니다. 게임과 휴대폰은 집 안에만 머무는 은둔형 외톨이를 만들기도 합니다. 어릴 때부터 지나치게 스마트 폰을 좋아해서 몸을 움직이기 싫은 경우도 있습니다. 초등학교 저학년까지는 게임과 스마트 폰 관리가 필요합니다. 만약 게임과 스마트 폰 때문이라면 아이 손에 닿지 않는 곳에 치워두는 것이 좋습니다.

아이를 밖에서 놀게 하려면, 집 안보다 바깥 놀이가 더 재미있다는 경험이 필요합니다. 아이가 좋아하는 음식이 있으면 그걸로 유도한 후 자연스럽게 놀이터나 산책으로 연결시켜보세요. 싫어하는 걸 강제로 권하면 아이의 마음이 더 닫혀버리는 수도 있으니 조심해야 합니다.

"음식이 집에 없네. 배고픈데 밖에서 먹어야겠다. 시훈이는 먹고 싶은 거 있어?"

"난 피자. 그런데 집에서 먹을래."

"그래? 잠시만 피자집에 전화해보자. 여보세요. 피자집이죠? 오늘 배달 하나요? 오늘은 안 해요? 가서 먹어야 하나요? 네, 알겠습니다. 시훈아, 오늘 배달 안 된다고 하네. 가서 먹어야 해. 옷 입고 나갈까?"

물론 엄마의 선의의 거짓말과 연기가 필요합니다. 아이와 함께 집을 나가면 곧바로 피자집으로 가는 것보다는 놀이터로 관심을 유도해봐야 합니다. 실패하면 피자를 먹고 오면서 다시 도전해야 하죠.

"시훈아, 잠깐만! 아빠, 그네 한 번만 타고 가자. 그네가 너무 타고 싶어."

아빠의 노력이 성공하는 경우는 저학년까지입니다. 초등학교 4학년 정도면 여행이나 특별한 경우가 아니면 더 이상 부모를 따라다니지 않을 때가 많거든요.

수학과 연관된 놀이도 있나요?

"아빠, 테니스 공으로 캐치볼해요."

"땅에 떨어뜨리지 않고 몇 번 받는지 세어볼까?"

아이가 셈을 셀 수 없다면 부모가 세주면 됩니다. 아이들은 놀이 속에서 셈을 듣게 되면 금방 배웁니다. 아이와 테니스 공을 주고받기 시작합니다. 목표가 있으면 더욱 재미있습니다. 그래서 놀이 중에 시합을 제안합니다.

"98, 99. 마지막 하나만 성공하면 100개다."

자동차를 운전할 때도 얼마든지 숫자 놀이가 가능합니다. 앞차 번호판을 모두 더해서 빨리 대답하기 시합을 합니다.

"아빠, 저 차 7544요."

"12에다 8…."

"정답 20."

"아빠가 또 약간 늦었구나. 어떻게 그렇게 빨리 계산할 수 있어? 대단해."

당연히 아이가 이기도록 유도합니다. 잘하면 더 하고 싶고, 잘못하면 재미없어지는 것이 당연하니까요. 아이와 하는 모든 시합은 간발의 차이로 아이가 이깁니다.

"아빠, 저 차 9759요."

"16에다 5를 더하면…."

"정답 30. 아빠와 형보다 제가 더 빨랐어요."

"시훈아, 진실을 말해줄까?"

"어떤 진실?"

"방금 시합에서 아빠가 대답을 늦게 하시지?"

"내가 빨리 한 거잖아."

"나도 어릴 땐 그런 줄 알았는데 아빠가 너랑 놀아주려고 일부러 늦게 대답하시는 거야. 나도 한참 후에 알게 되었어."

"아빠, 정말이에요?"

"아니, 아빠는 최선을 다했는데 너가 정말 계산이 빠른 거야."

첫째가 고등학생이 되어 부모의 마음을 훤히 보고 있으니, 이제는 아이와 노는 것도, 져주는 것도 마음대로 할 수 없습니다. 아이가 조금이라도 어릴 때 부지런히 놀아주세요. 그러면 수학도 잘하고 영어도 잘하는 아이가 되니까요.

장난감 권총으로 사격 놀이를 하고 싶은데 과녁이 없으면 어떻게 할까요? 집 안 여기저기를 둘러보세요. 뭔가 적당한 게 반드시 있을 것입니다. 집에 재활용 쓰레기통을 뒤져서 야쿠르트 빈 통 5개를 찾았습니다. 이것들이 과녁으로 딱 좋네요. 물론 눈의 보호를 위해 고글은 착용해야 합니다.

야쿠르트 통을 잘 맞추는 경지에 오르면 더 작은 물건을 찾아 타깃으로 삼으면 됩니다. 지우개나 볼펜을 세워서 집중력을 높입니다. 이 놀이를 하면서 아이에게 덧셈을 가르치고 싶으면 과녁을 A4 용지에 그립니다. 그리고 동그라미를 여러 개 그려 점수를 씁니다. 화이트보드엔 아빠와 아이의 이름을 적습니다.

"10번씩 쏘아서 점수가 높은 사람이 이기는 거야."

아이는 첫 번째 나온 점수를 두 번째 나온 점수에 덧셈을 합니다. 신이 나서 아빠의 점수도 계산을 해줍니다. 두 번째 계산된 점수와 세 번째 나온 점수를 다시 더합니다. 이렇게 생활에서 놀이에 수학을 이용하면, 아이가 자기도 모르게 수학을 좋아하게 되는 동기부여가 됩니다. 강요하지 않아도 중학생이 되고 고등학생이 되어도 힘들고 어려운 수학을 좋아하고 잘하게 됩니다.

오감을 자극하는 놀이

아이와 놀아줄 때 이 놀이를 시각과 청각을 발달시키는 놀이라고 생각하면서 놀아주는 부모는 없습니다. 하지만 어떤 놀이든지 시각과 청각, 후각, 미각 그리고 촉각이 작동합니다. 유대인들은 책의 소중함을 알게 하려고 책에 꿀을 발라 아이가 빨아먹게 한답니다. 우리라고 못할까요? 저녁을 먹고 후식으로 사과를 깎았습니다. 글자에 흥미를 유도하기 위해 사과를 잘라 아이의 이름을 만들었지요.

"아빠, 뭐 만드세요?"

"네 이름 만들고 있어."

"사과로요?"

"응, 다 만들었다. 자 먹을래?"

"하하하, 제 이름을 제가 먹어요?"

"먹고 싶은 글자가 있으면 말해. 오늘 다 만들어줄게."

"사자 글자를 만들어주세요. 그리고 의자도 먹고 싶어요."

이렇게 사과를 이용해서 아이는 한글과 알파벳을 즐겁게 깨쳤습니다.

아이가 목욕을 할 때는 언제나 친구들을 데리고 갔습니다. 어떤 날은 동물 장난감들을 데리고 가고, 어떤 날은 자동차와 탱크, 비행기가 욕실을 날아다닙니다. 오늘은 볼풀 공 10개가 아이와 함께 목욕을 합니다. 한참을 가지고 놀던 아이가 질문을 하기 시작합니다.

"아빠, 공은 왜 물에 뜨죠?"

"공 안에 공기가 있어서 그래. 부력이란게 있거든. 배나 잠수함도 이 원리를 이용한 거야."

목욕이 끝난 후에는 항상 배수구를 통해 빠져나가는 물을 보며 토네이도를 관찰합니다. 토네이도를 볼 수 있는 시간은 목욕 후에 딱 한 번입니다.

"정말 신기해요. 아빠 또 목욕물 받아주세요."

"왜?"

"토네이도 관찰하려고요."

"토네이도 관찰하려고 이 많은 물을 또 받아? 우리나라가 유엔이 정한 물 부족 국가라는 사실을 알고 있니?"

"그래요? 그래도 전 보고 싶은데요."

"그럼 토네이도를 관찰할 수 있도록 장치를 만들어보자."

분리수거함에서 1.5리터 페트병 2개를 찾았습니다. 2개의 뚜껑에 구멍을 뚫어서 맞닿게 한 후 글루건으로 붙였습니다. 3분 2 정도 물을 담았습니다. 관찰하기 쉽게 초록색 물감을 넣었습니다. 물이 새지 않도록 절연테이프로 뚜껑을 다시 한 번 감았습니다. 그리고 원을 그리면서 페트병을 흔들었습니다.

"아빠, 이것 보세요. 토네이도예요."

실험에 성공한 아이 얼굴에 미소가 번집니다.

세계에서 수학에 가장 강한 나라는 인도입니다. 마이크로소프트 직원의 70%가 인도 사람이기도 하죠. 인도가 수학에 강한 이유는 생활에서 수학을 활용하기 때문입니다. 대한민국 아이들은 중고등학생이 되면 수포자가 많이 생깁니다. 내 아이를 미래의 수포자로 만들지 않으려면 수학이 재미있다는 것을 알려주면 됩니다. 좋아하는 만큼 수학을 잘하게 되니까요.

공부할 때
몰입을 높이는 놀이도 있나요?

아이들이 놀이에 쏟아부은 몰입은 결국 공부로 이어집니다. 놀이를 시작했다면 오래 집중할수록 좋습니다. 그러니 아이가 놀고 있을 때 집중력을 깨뜨리면 곤란합니다. 아빠가 퇴근해 집으로 돌아왔고 저녁 식사가 차려졌습니다. 하지만 아이는 종이접기에 빠져 있습니다.

"밥 먹어야지. 뭐해?"
"종이접기하고 있어요."
"밥 먹는 시간에 왜 종이접기를 하고 있어?"

이렇게 말하면 안 됩니다. 밥 먹는 시간에 종이접기를 한 게 아닙니다. 종이접기를 하고 있는데 밥을 차린 게 맞죠. 설령 저녁을 차리고 있는데 종이접기를 시작했다 해도, 아이의 집중력에 방해되지 않도록 놀이가 끝날 때까지 기다리면 어떨까요? 국은 다시 데워야 하겠지만요.

아이의 집중력과 창의력을 가장 많이 손상시키는 사람이 부모랍니다. 엄마가 설거지를 하면서 아이를 쳐다보지도 않고 외칩니다.

"얼른 숙제해야지."
"엄마, 숙제하고 있어요."

엄마들이 흔히 하는 실수 중 하나입니다. 관심이 필요한 이유가 여기 있습니다. 아이가 무엇을 하고 있는지 먼저 살폈다면 숙제하고 있는 아이에게 숙제하라며 집중력을 흩뜨리지 않았을 겁니다.

인간의 두뇌는 집중력을 끌어올리기까지 5분에서 10분이 소요됩니다. 평상시 뇌파는 3Hz입니다. 집중력의 주파수는 10Hz입니다. 아이가 10분 동안의 워밍업으로 기껏 집중력을 발휘하고 있는데 부모가 산통을 다 깨버리는 셈이죠. 얼마나 안타까운 일인가요? 아이가 조용히 무언가 하고 있다면 발자국 소리도 죽여가며 살며시 살펴보세요. 애기를 해도 될 만한 환경이면 말을 건네세요.

미래를 위한 세 가지 대비책

미래에 아이들에게는 세 가지 대비책이 필요합니다. 놀이, 독서, 융합입니다. 다양한 놀이를 통해 융합할 수 있는 능력을 키워주세요. 책을 많이 읽고 지식을 놀이와 융합시킵니다. 이런 활동에서 창의적 지식을 가진 인재가 나옵니다. 융합형 학자로는 수학, 철학, 물리학의 대가인 아리스토텔레스와 실학자이면서 유교 경전, 건축, 농업 등 499권의 책을 집필한 정약용 등이 있습니다. 아이패드와 아이폰을 개발한 스티브 잡스도 융합형 인재지요.

뇌는 셀 수 없이 많은 길로 얽혀 있는 회로입니다. 새로운 자극을 받으면 뇌에는 새로운 길이 하나 생깁니다. 뇌가 같은 자극을 받으면 그 길은 더 넓어지고 단단해져 그 방향으로 사고의 흐름이 원활해집니다. 많은 놀이와 다독이 필요한 이유입니다. 놀이에 몰입하다 보면 새로운 놀이가 탄생합니다. 여기에 다독까지 더해지면 새로운 놀이와 아이디어가 훨씬 많이 나옵니다.

그래서 미래를 준비하는 우리 아이들에게 반드시 필요한 건 놀이와 독서입니다. 놀이와 독서를 할 때의 뇌파는 10Hz가 됩니다. 이 주파수는 집중력과 창의력의 지표입니다. 아이가 놀이나 독서를 할때 부모가 방해하지 않고 기다려주면 아이의 집중력과 창의력은 높아집니다.

영어와 놀이의 접목은 의외로 쉽다?

영어를 공부라고 생각하는 순간 학습 효과가 떨어집니다. 그러니 놀이 속에 영어가 들어가면 학습 효과가 훨씬 좋죠. 현시대를 살고 있는 아이들은 디지털 네이티브입니다. 태어나면서부터 부모의 스마트 폰을 보고 자랍니다. 컴퓨터와 사물인터넷 같은 디지털 환경이 아이를 둘러싸고 있습니다. 즐기면서 영어를 잘하게 하려면 컴퓨터와 스마트 폰을 활용한 접근이 바람직합니다.

영어와 컴퓨터는 뗄 수 없는 관계가 되었습니다. 부모가 원어민 발음으로 영어책이나 영어 문장을 알려줄 수 없어도 네이버 번역기 파파고나 구글 번역기가 대신해줍니다. 외국인과 마주 보고 있지 않아도 회화 솔루션이 멋진 대화를 가능하게 합니다.

화이트보드나 종이에 'School things'라 적고 학교와 관련된 영어 단어를 찾아보세요. 파워포인트를 이용해서 만들면 아이의 목소리까지 넣을 수 있습니다. 자신의 목소리가 들어 있으니, 아이는 더욱 흥미를 가지고 영어를 익히게 되죠.

✲ 놀이 비법 추천 도서

* 『하루 20분 놀이의 힘』
* 『이야기하면 클레이 쉽게 배우기』
* 『세 아이 영재로 키운 초간단 놀이육아』
* 『놀이의 반란』
* 『엄마랑 미술놀이 아빠랑 체육놀이』
* 『하브루타 질문 놀이』
* 『창의력을 키우는 액티비티 100』

장난감을 혼자서만 가지고 놀려고 해요

아이는 가르치는 대로 자라는 게 아니라 본 대로 자랍니다. 부모가 먼저 나누는 모습을 많이 보여주세요. 그리고 어른이나 배우자를 챙기는 모습도 보여주세요. 과일을 먹을 때도 어른보다 자녀를 먼저 챙기면 세상 모든 게 자기 것으로 보입니다. 그러니 모든 장난감도 자기 걸로 보이고 남의 집에서도 자기 집인 양 행동하는 겁니다. 물론 이런 아이도 초등학교에 입학하면 일정 부분 고쳐지니 너무 고민하지는 마세요. 다만 아이가 자기중심적인 생각을 하는 건 당연하다는 것만 잊지 않았으면 좋겠습니다.

둘째 아이가 어렸을 때 아파트 1층에 어린이집을 운영했습니다. 그런데 어린이집 장난감을 다른 아이들이 만지지도 못하게 하는 거예요. 곧바로 지적하고 나무라기보다 스스로 깨닫게 해주기로 했습니다.

"민서는 왜 우리 어린이집에 왔지?"

"엄마가 일하러 가서요."

"시훈이는 엄마 아빠랑 함께 있는데 민서는 엄마를 기다려야 하니까 속 상하겠다. 시훈이 집이지만 장난감을 함께 가지고 놀면 민서도 기분이 좋 아질 텐데."

　어린이집에 있는 장난감도 시훈이 것이지만 함께 가지고 놀면 즐겁다 는 느낌을 지속적으로 전달해주자, 아이는 어느새 전과 같은 행동을 하지 않았습니다. 아이들은 공감 능력이 어른에 비해 많이 떨어집니다. 자신의 행동에 따라 다른 사람이 슬퍼하거나 화를 낼 수 있다는 걸 설명해줘야 합니다. 언제까지냐고요? 고등학교 2학년까지입니다.

위험한 놀이만 좋아해요

세상에는 위험한 일이나 직업이 많고, 누군가는 그 일을 해야 합니다. 내 아이가 위험한 일을 하지 않으면 좋겠지만 삶은 계획대로 되지 않습니다. 하지만 위험한 일이라도 안전 수칙을 잘 지키면 사고는 예방할 수 있습니다. 아이도 마찬가지입니다. 위험한 놀이를 무조건 막으면 나중에 더 큰 화를 불러올 수 있어요. 무엇이든 서툴고 무능한 아이로 자랍니다. 위험한 놀이를 하려 할 때 부모가 그 놀이의 어떤 부분이 위험한지 알려주면 됩니다. 아이들은 위험을 인지하지 못하는 경우가 많습니다. 그래서 옆에 경험 많은 어른이 필요한 거죠.

어린이집을 운영하면서 사건사고가 참 많았습니다. 블록은 위험할까요, 위험하지 않을까요? 위험합니다. 작은 블록은 아이들이 무심코 삼키기도 합니다. 과자를 먹으면서 바둑을 두던 아이가 갑자기 바둑알을 삼켰습니다. 다행히 배출이 잘 돼 위기를 넘겼습니다. 강낭콩을 가지고 놀던 아이가 갑자기 숨을 쉴 수가 없다고 합니다. 호기심이 가득한 아이가 강 낭콩을 콧속으로 밀어 넣었거든요. 쉽게 뺄 수 있을 줄 알았는데 강낭콩이 점점 불어서 빠지지 않았습니다. 결국 병원에 가서 빼냈어요.

아이가 의자 위에 앉아 있다가 잠시 중심을 잃어 넘어졌습니다. 아빠 자동차 열쇠를 손에 쥐고 있었는데 입술이 찢겨 지혈하는 데 3시간이 걸 렸습니다. 그뿐인가요? 덧셈을 알려주려고 장난감 권총을 쏘다가 총알 이 눈에 맞았습니다. 선풍기를 가지고 바람에 손가락을 심하게 다치기 도 했고요.

풍선 팅기기 놀이를 하다가 발이 삐끗하는 바람에 책상 모서리에 쇄골 이 부딪혀 산산조각 났습니다. 두 아이가 서로 밀고 당기며 장난치다 팔 이 빠졌습니다. 주변 지인들이 실제로 겪은 사고를 모은 것만 해도 이렇 게 많습니다. 블록이나 바둑, 강낭콩 등은 사고가 나지 않을 것 같은 물건 이지만 전부 놀이를 하다 일어난 사고입니다.

하지만 바다가 무서워 배가 항구에만 멈춰 있다면 어떻게 되겠습니까? 위험하지 않은 놀이는 없습니다. 아이들과 충분히 놀아주면서 일어날 수 있는 사고를 사전에 알려줘야 합니다. 예방을 잘하면 사고는 충분히 막 을 수 있으니까요.

부모와 아이를 위한 이상화 아빠의 추천 도서

* 『가짜부모 진짜부모』
* 『가토 슈이치의 독서 만능』
* 『감동을 주는 부모되기』
* 『공부는 내 인생에 대한 예의다』
* 『꿈꾸는 다락방』
* 『꿈이 있는 아내는 늙지 않는다』
* 『뇌가 기뻐하는 공부법』
* 『마음에 새기는 명품명언』
* 『박재원의 부모효과』
* 『벽이 되는 부모 길이 되는 부모』
* 『부모 역할, 연습이 필요하다』
* 『부모가 만드는 EQ』
* 『부모가 확신을 가지고 키운 아이는 반드시 성공한다』
* 『부모공부』
* 『섬기는 부모가 자녀를 큰 사람으로 키운다』
* 『세계명문가의 자녀교육』

* 『아이는 믿어주는 사람을 따른다』
* 『아이의 재능을 찾아주는 부모의 질문법』
* 『자식성공 부모 노후대책 아니다』
* 『초등부터 하지 않으면 안 될 포트폴리오 전략』
* 『컴퓨터 습관 중독되기 전에 잡아라』
* 『평생 성적 초등 4학년에 결정된다』
* 『행복한 논어 읽기』
* 『화내는 엄마가 아이를 망친다』

육아 내공을 높이는 필수 추천 도서

* 『7번 읽기 공부법』
* 『놀이의 반란』
* 『문제는 항상 부모에게 있다』
* 『박철범의 하루 공부법』
* 『부모라면 자기조절력부터』
* 『상위 1% 아이를 만드는 행복한 NIE 교과서』
* 『소년의 심리학』
* 『수학이 안 되는 머리는 없다』
* 『아이의 사생활』
* 『아이의 속마음』

* 『아이의 실행력』
* 『엄마 마음, 아프지 않게』
* 『엄마가 모르는 네 살의 심리』
* 『엄마라서 행복해』
* 『엄마의 쪽지 편지』
* 『영어 낭독 훈련에 답이 있다』
* 『영어를 우리말처럼 하는 기적의 영어 육아』
* 『예담이는 열두 살에 1,000만 원을 모았어요』
* 『집밥의 힘』
* 『프랑스 아이는 말보다 그림을 먼저 배운다』
* 『하루 10분 책 육아』
* 『하루라도 공부만 할 수 있다면』
* 『하브루타 질문 수업』
* 『화내는 엄마, 눈치 보는 아이』
* 『화성에서 온 아빠 금성에서 온 엄마 안드로메다 아이』

두려움 없이 뚝심 있게

오직, 책!

초판 1쇄 인쇄 2019년 11월 28일
초판 1쇄 발행 2019년 12월 5일

지은이 이상화
발행인 김승호
펴낸곳 스노우폭스북스
편집인 서진

편집진행 최민지
마케팅 구본건 김정현
SNS   이민우
영업 이동진

디자인 강희연

주소 경기도 파주시 회동길 37-9, 1F
대표번호 031-927-9965
팩스 070-7589-0721
전자우편 edit@sfbooks.co.kr
출판신고 2015년 8월 7일 제406-2015-000159

ISBN 979-11-88331-77-2 (03370)